直播电商综合实训

主 编 潘 玉 陈 煜 朱京坤

中国建材工业出版社

图书在版编目（CIP）数据

直播电商综合实训 / 潘玉，陈煜，朱京坤主编． -- 北京：中国建材工业出版社，2023.2
ISBN 978-7-5160-3619-8

Ⅰ．①直… Ⅱ．①潘… ②陈… ③朱… Ⅲ．①网络营销 Ⅳ．① F713.365.2

中国版本图书馆 CIP 数据核字（2022）第 239028 号

直播电商综合实训
Zhibo Dianshang Zonghe Shixun
主　编　潘　玉　陈　煜　朱京坤

出版发行：*中國建材工业出版社*
地　　址：北京市海淀区三里河路 11 号
邮政编码：100831
经　　销：全国各地新华书店
印　　刷：北京印刷集团有限责任公司
开　　本：710mm×1000mm　1/16
印　　张：9
字　　数：145 千字
版　　次：2023 年 2 月第 1 版
印　　次：2023 年 2 月第 1 次
定　　价：42.00 元

本社网址：www.jccbs.com，微信公众号：zgjcgycbs
请选用正版图书，采购、销售盗版图书属违法行为
版权专有，盗版必究。本社法律顾问：北京天驰君泰律师事务所，张杰律师
举报信箱：zhangjie@tiantailaw.com　举报电话：（010）57811389
本书如有印装质量问题，由我社市场营销部负责调换，联系电话：（010）57811387

编委会

主　编：潘　玉　陈　煜　朱京坤

副主编：时冬雪　张朝开　梁振新　刘　婷　龚慧娟
　　　　　黄福旺　段　磊　沈亦凡　陆冰丽　戴晓意

FOREWORD 前言

  自 2016 年开始，直播与电商双向融合，直播电商逐渐进入大众视野，被数以亿计的网民所接触和使用，成为一种营销、知识分享、娱乐、社交、技能学习等新发展趋势，国内各个电商平台开始陆续推出自己相应的直播模式。直播与电商的结合不仅使电商行业拥有了巨大的商机，对人们的日常生活也有着不同凡响的影响。国家网络基础建设逐步推进、4G 网络技术普遍应用、5G 网络技术逐渐成熟，虽然还有部分偏远地区或经济落后地区未能全面普及开来，但移动设备使用端口的普及和应用使本行业进入快速上升期和全民普及期。我国直播电商行业由此起航，2016 年也被称为"直播元年"。

  如今，直播作为互联网的普及化技术，从科技到民生，从商业到个人，涉及的行业如雨后春笋般地蓬勃发展，通过直播展现的内容也缤纷多彩，目前已经应用到了各个行业的方方面面。

编 者

2022 年 12 月

CONTENTS 目 录

项目一　走进直播电商 …………………………………………… 001
- 任务一　直播电商现状与趋势分析 ……………………………… 002
- 任务二　新手基础运营实操 ……………………………………… 007
- 任务三　店铺入驻教程指南 ……………………………………… 014
- 任务四　商品创建及售卖操作 …………………………………… 019

项目二　直播电商规则解读 …………………………………… 023
- 任务一　直播规则解读 …………………………………………… 025
- 任务二　电商短视频规则解读 …………………………………… 027
- 任务三　熟悉直播营销行为规范 ………………………………… 031
- 任务四　直播电商行业行为规范 ………………………………… 034

项目三　直播短视频实操方法 ………………………………… 039
- 任务一　直播电商人设定位 ……………………………………… 040
- 任务二　直播短视频内容创作 …………………………………… 044
- 任务三　直播短视频拍摄剪辑 …………………………………… 048

项目四　直播电商前期搭建 …………………………………… 059
- 任务一　直播电商团队搭建 ……………………………………… 060
- 任务二　直播间场景搭建 ………………………………………… 062

项目五　直播电商货品构成 ········· 065
  ▶ 任务一　直播电商选品 ········· 068
  ▶ 任务二　直播电商组品与排品 ········· 072

项目六　直播电商内容策划 ········· 075
  ▶ 任务一　直播脚本策划 ········· 076
  ▶ 任务二　直播话术策划 ········· 080
  ▶ 任务三　直播预热策划 ········· 087

项目七　直播电商带货实操 ········· 091
  ▶ 任务一　直播常用工具介绍 ········· 092
  ▶ 任务二　直播营销带货流程和技巧 ········· 098
  ▶ 任务三　打造直播间爆款人气 ········· 103
  ▶ 任务四　打造直播间爆款商品 ········· 105

项目八　直播电商内容推广 ········· 107
  ▶ 任务一　投放推广工具介绍 ········· 108
  ▶ 任务二　如何进行内容推广 ········· 113
  ▶ 任务三　内容营销工具介绍 ········· 115

项目九　直播数据分析和复盘 ········· 119
  ▶ 任务一　直播数据梳理与诊断 ········· 120
  ▶ 任务二　直播数据分析 ········· 125
  ▶ 任务三　直播复盘 ········· 128

名词释义 ········· 130

项目一

走进直播电商

任务一　直播电商现状与趋势分析

随着越来越多的品牌和商家也开始加速布局直播电商赛道，2020 年直播电商在疫情推动和国家政策的扶持下为各行各业都指明了一条新的道路，各个行业也响应国家号召，根据自身优势大力发展新兴道路。

一方面，传统的电商平台主动拥抱直播这一强势互动工具，另一方面，娱乐社交平台以电商方式出现使得直播流量变现，"直播 + 电商"同时也拓展了直播娱乐、资讯属性之外的营销职能，由此进入了"全民直播"时代。

根据 2021 年全国消费者协会发布的数据，全国直播电商市场规模年增长率为 197%，预计 2023 年直播电商规模将超过 4.9 万亿元。随着国家 5G 网络技术的逐步普及，直播已经成为电商市场常态化的营销方式与销售渠道，未来电商下单用户数、下单频次以及客单价均会继续提升，直播电商在社会消费品和网购市场也会有较快的渗透和变现。

直播电商的策略正从低价倾销转移到对高性价比产品的渗透，未来单纯以清库存为目的进行直播带货的做法将失去竞争优势，高性价比与质价比的商品存在较大的成长空间，知识分享型的直播也会越来越多地被在校学生所认可和应用。

一、直播电商

1. 直播的形式

直播是一种互联网内容传播的展现形式，它为所有用户乃至行业提供了一个可以展现自我、展现才艺、展现商品、展现知识等内容的网络平台，同时又可以将用户与内容交互在一起，内容服务于用户，用户又为内容买单，直播平台亦会通过让用户做任务或者现金分红等福利方式促使直播过程完善，从而产生一定的经济效益。

2. 电商的含义

电商是电子商务的简称，电子商务是指以信息网络技术为手段，以商品交换为中心的商务活动；也可理解为在互联网、企业内部网和增值网上以电子交易方式进行交易活动和相关服务的活动，是传统商业活动各环节的电子化、网络化、信息化；以互联网为媒介的商业行为均属于电子商务的范畴。

3. 直播电商的含义

直播电商是以直播的形式搭建新的购物消费场景，使"内容输出"到"订单支付"更加便捷，创造出新的流量入口。同时，直播的强交互性和内容的强互动性刺激用户需求，从而产生消费并实现最大程度的变现。

4. 直播电商的特征

直播电商借助直播媒介开展电子商务活动，具有实时性、真实性、直观性、互动性和精准性五大特征。

1）实时性

借助于电商直播平台，主播能够实时地与用户分享自己的生活日常，将自身所处的环境、场合、氛围等信息一并传递给用户。这类动态化的内容对信息的包容度更强，更适合进行信息的传递。用户也可以通过评论的方式对主播发布的相关信息进行实时交流互动。

2）真实性

直播的实时传播使得作为内容传播者的主播难以"调试"自己，主播的举动被实时传输到观看直播的用户面前，大大降低了网络的虚拟感，让用户获得更加真实的体验感。另一方面，在观看直播的过程中，用户可以就商品的相关问题与主播进行实时互动，主动向主播咨询和获取商品的有效信息。

3）直观性

区别于传统电商平台上的文字和图片，在直播过程中主播能够对商品进行全方位的展示，将商品的设计细节更加直观地呈现给用户，还可以对商品的使用方法和技巧进行示范，让用户在了解商品的同时也可以掌握一些商品的使用技巧。

4）互动性

与传统的商品展示相比，直播电商具有很强的双向互动性。在直播的过程

中，用户与用户之间、用户与主播之间通过实时留言或弹幕实时互动，架起了三者之间沟通的桥梁，从而营造出一种聚众观看直播的虚拟体验，满足了用户的陪伴需求和社交需求。

5）精准性

面对互联网上的海量信息，用户难以识别信息的有用性，而直播电商能够针对用户进行精准的传播，传播的内容对用户来说是有用的精准信息。进入直播间的用户，本身就是对产品感兴趣的目标用户，这种行为是用户主动选择的结果。用户是凭借个人喜好做出的选择，因此具有高度的精准性。用户接触直播电商带有购物的目的，此时主播就能通过互动精准把握用户的需求。同时主播通过对用户疑问的解答和多次商品展示，提升用户对于商品的认知，提供对用户有用的精准信息，极易完成商品的销售。

5. 直播电商的本质

直播电商关注的焦点是"以人为本"。直播电商的经营是"货找人"，"人"是直播电商业务关系中的核心。直播的效率在于既能满足"货"的动态化展示，更真实有效；同时又能实现主播的人设经营，积累用户的信任度，最终让用户变成主播的粉丝。直播转化的关键在于经营"人"，精准匹配粉丝的喜好和需求，因此是典型的"货找人"，也就是主播依据用户的喜好和需求向其精准地推荐商品，降低用户购物决策的时间和难度。

"以人为本"中的"人"有两个含义，第一是直播电商中的主播，第二是直播电商的消费者。主播要依靠不断地输出内容和增强粉丝之间的社交互动，让消费者认可并成为粉丝，或者是粉丝转化成消费者，只有这样才有可能进一步了解粉丝的需求，实现产品的精准推荐。在直播电商中，主播并不是帮品牌商卖产品，而是帮用户买产品。当"人、货、场、仓"的逻辑关系围绕"人"为核心的时候，直播电商就不是传统的电商逻辑。传统电商是以场为本，场和货是以货为本，人们需求什么货然后通过电商平台去找到它，而直播电商是以人为本、货找人。

6. 直播电商的发展现状

直播电商总体市场规模和用户翻番增长，布局直播电商业务的平台更加多样化。目前布局直播电商业务的平台主要分为三大类：

第一类是传统电商平台开辟直播区域，如淘宝、京东、拼多多、苏宁、亚马逊等，通过丰富的货品和商家资源、成型的服务和消费者权益保护体系，以及平台治理规则优势，自行搭建直播功能和业务板块，为商家提供直播工具类的销售运营和销售服务。

第二类是内容创作平台新增电商业务，如快手、抖音、微信视频号、斗鱼、小红书、哔哩哔哩等，以平台上丰富的达人资源优势，转型拓展直播类电商业务。

第三类是社交平台新增电商业务，如新浪微博、微信公众号、微信小程序等，以社交流量优势，为商家拓展私域流量类的直播电商业务。

7. 直播电商趋势分析

目前很多人看到直播电商很火，但是真正体验到直播电商带来惊喜的并不多。一部分人在观望，一部分人仍在起步阶段。但是在起步阶段的部分商家也已经体验到了直播电商最明显的好处：有效降低获客成本。直播电商的模式有效解决了这个让人头疼的问题。

此外，"直播＋电商"的模式也直接省去了拉新、留存、促活和营销的步骤，大大节省了变现的路径与过程。主播带货常打的一个点就是优惠，但是拿到低价产品是一个难题。相对来讲工厂有货品，却苦于没有流量难以出售。主播和工厂结合，一方面拿到一手价格薄利多销，另一方面工厂的压力也会减小。网络时代的可贵之处就是每一个普通人都可以通过手里的工具进行发声，记录生活也好，想成为网红也好，每一个人都可以在这里获得喜欢自己的粉丝，无论你是大主播、小主播，还是素人，都能在直播间找到自己的忠实粉丝，都有机会做好直播电商。

直播电商作为新业态撬动了经济新潜能，为国助力。随着直播电商等新业态、新模式快速发展，线上线下消费模式加快融合，为消费市场注入了强劲动力。目前跨境直播电商也是把国内产品卖到国外的一种新途径。互联网消费场景日益丰富，直播电商是内需的强有力推手，未来尚有可观的增长空间。同时在政府和全社会提出互联网适老化问题后，中老年群体网民规模增速最快、用网潜力巨大。近年来，直播电商中农村互联网应用突飞猛进，农村消费已经完成了物流覆盖。整体社会软环境不断优化，各级政府出台相关政策扶持和规范行业发展，直播技术提升和流量资费下降使得用户和主播使用体验更佳，消费者对直播电商接受度不断攀升。

在社会价值上，直播电商不仅在复工复产、反哺实体经济中发挥积极作用，更能带动新消费市场，扩大商户扶持，并为品牌营销与国货复兴创造新的路径。

在学校教育上，教师不仅可运用直播来分享知识，带领学生利用直播来学习知识，还可以为学校、个人进行宣传，提升自我的综合竞争力。

从微观角度看，直播电商对于脱贫攻坚、乡村振兴、解决"三农"问题创造新路径；从中观看，直播电商继续为我国就业开辟新思路，拓展新场景；从宏观看，直播电商在我国构建经济双循环新格局的形势下大有作为，未来可期。

任务二　新手基础运营实操

一、开通直播权限

电商直播在准备阶段的首要任务是开通直播的权限，各大直播平台对开通有一定的规范和要求。以下主要介绍抖音和淘宝。

（一）开通抖音的直播权限

抖音 APP 是由北京字节跳动科技有限公司推出的直播软件，定位于社交类短视频直播，可通过手机应用市场，搜索"抖音"，下载安装软件。

1. 抖音 APP 开通直播条件：

个人注册账号通过实名认证后即可开通直播权限；

企业账号进行平台认证后即可开通直播权限。

2. 抖音直播权限开通步骤：

①个人实名认证步骤（见图 1-2-1、图 1-2-2）

打开抖音主界面，点击右下角的【我】进入个人主页，点击右上角的【≡】，在弹出的菜单选择【设置】，点击顶部的【账号与安全】，进入安全界面后点击下面的【实名认证】，根据系统的提示填写相关信息后，点击【开始认证】，系统会弹出人脸识别，识别通过后就可以开通直播了。

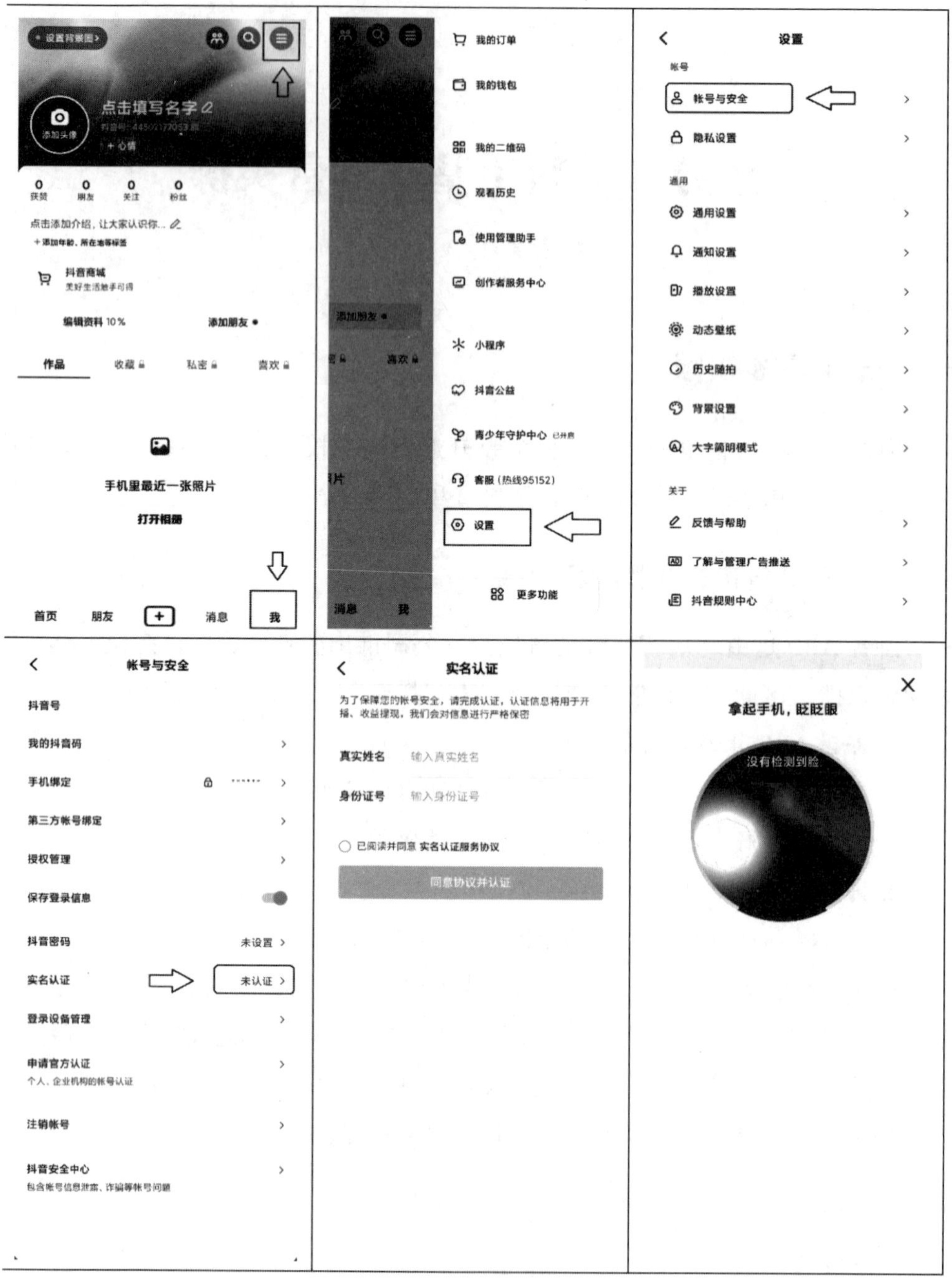

图 1-2-1　个人实名认证步骤

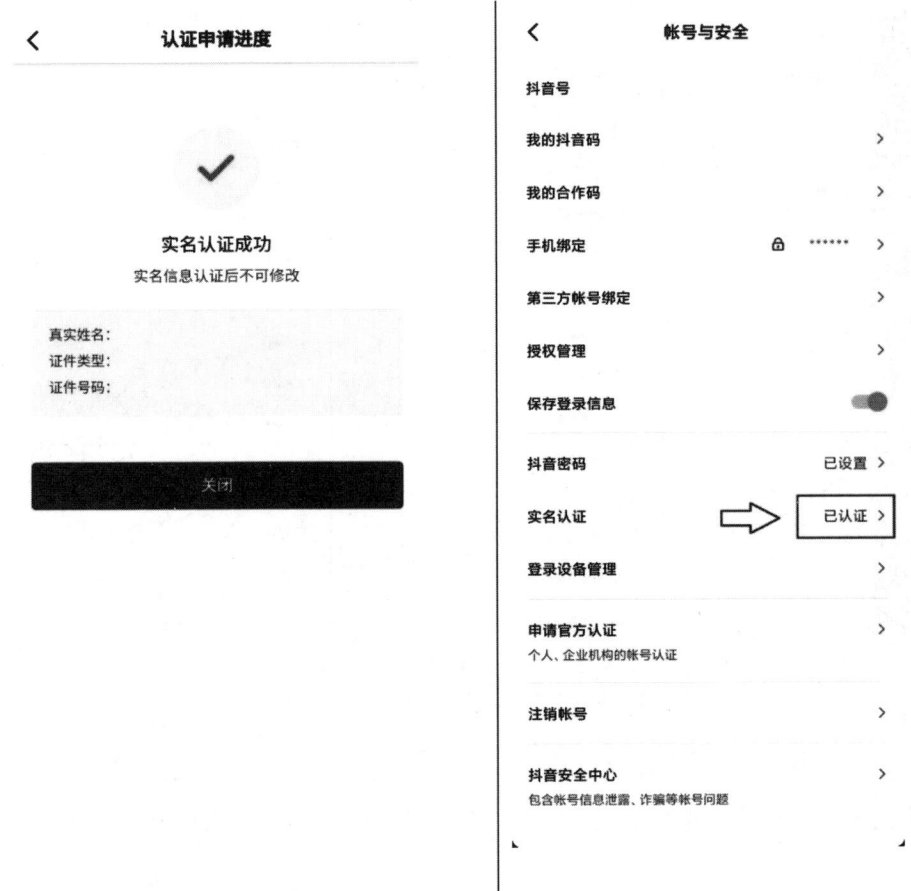

图 1-2-2 个人实名认证步骤

注：目前，抖音平台的个人直播功能不对未成年人开放，14 岁（不含）以下用户完成实名认证后会进入青少年模式，需填写监护人信息。

②企业认证步骤（见图 1-2-3）

手机 APP 端：打开抖音主界面，点击右下角的【我】进入个人主页，点击右上角的【三】，在弹出的菜单选择【设置】，点击顶部的【账号与安全】，进入安全界面后点击下面的【申请官方认证】，选择【企业认证】，根据系统的提示依次上传完成所需资料，缴纳完审核费用后即可，认证一年有效，后续需参加年审。

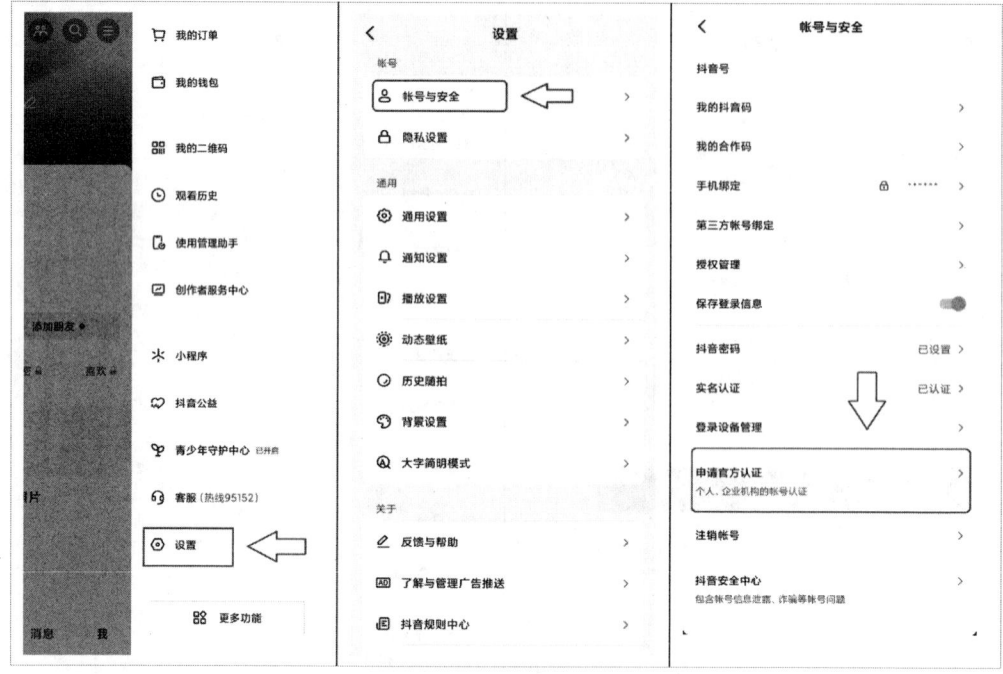

图 1-2-3 企业认证入口

电脑端：登录抖音官网（https://www.douyin.com/），首页菜单选择【合作】-【认证与合作】，进入认证界面，选择【企业认证】，按照官网提示的步骤进行认证即可。

另有个人认证（职业认证、优质创作者认证）、组织认证（企业认证及MCN机构，旗下有大量主播的经纪公司）、经营角色认证（电商优质作者认证），可按提示提交资料认证。

（二）开通淘宝的直播权限

淘宝主播是阿里巴巴推出的直播平台，定位于消费生活类直播。可通过手机应用市场，搜索"淘宝主播"，下载安装软件。

1. 淘宝主播开通直播条件

淘宝直播分为两种模式：无店铺直播和有店铺直播。

1）无店铺直播，适用于个人。适合有一定短视频创作和直播能力的主播，其入驻条件如下：

①登录淘宝账号已通过支付宝实名认证且年满18周岁（同一身份信息只

能够创建一个达人账号）；

②淘宝/天猫没有开设店铺（系统自动校验）。

2）有店铺直播，即拥有淘宝店铺或天猫店铺，其入驻条件如下：

①淘宝或天猫店铺入驻直播需符合类目要求，限制推广商品类目无法入驻。淘宝店或天猫店略微有限制差别，例如，目前为止书籍类的淘宝店铺不允许开通直播，但天猫店铺可以，更多限制推广的类目可通过淘宝官网的平台规则（https://rulechannel.taobao.com）查询。

②淘宝或天猫店铺入驻直播需符合基础营销规则和综合竞争力的要求，会对店铺的综合数据进行校验，包括但不仅限于以下数据：店铺品牌影响力，店铺DSR动态评分，品质退款，退款纠纷率，消费者评价情况，虚假交易，店铺违规等。（系统自动校验）。

2. 淘宝主播权限开通步骤（见图1-2-4）

通过手机应用市场，搜索"淘宝主播"，下载安装软件，打开后会提示使用手机淘宝或支付宝或淘宝账号登录，登录后点击【立即入驻，即可开启直播】，勾选协议，并根据提示进行实人认证，实人认证通过即代表直播发布权限已开通。

图1-2-4　淘宝主播权限开通步骤

二、基础运营操作

1. 抖音基础运营操作

抖音直播分为视频直播、语音直播、手游直播、电脑直播四类。电商直播以视频直播为主。

1）开播前的准备

①封面图，最小尺寸为 750×750px；

②标题，15 字以内。

开播前除了需要设置好以上必要项目，还可以根据自己的情况和直播需求选择对应的美化及道具功能，电商类的主播还需要设置频道及商品，本书后面会有详细讲解。

2）基础开播操作（见图 1-2-5）

打开抖音 APP，点击底部【+】键，进入预备界面，底部有四个选项，分别是【发图文】【分段拍】【快拍】【开直播】，选择开直播就会进入对应的界面，设置准备好的封面图、标题、话题即可开播。如有需求，可添加美化、道具等功能。

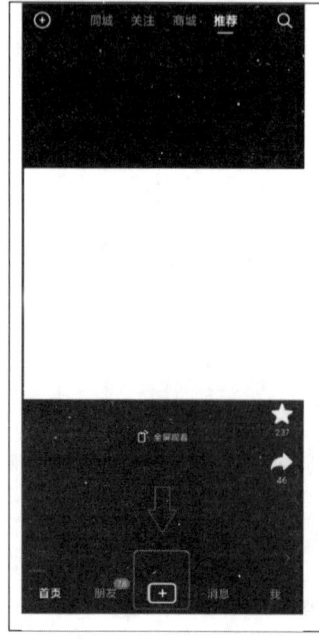

图 1-2-5　抖音开播步骤

2. 淘宝基础运营操作

淘宝直播有视频直播和语音直播两类。

1）开播前的准备

①封面图，正方形即可；

②标题，10字以内。

2）基础开播操作（见图1-2-6）

打开淘宝主播APP，点击底部【▶】键，进入预备界面，底部有三个选项，分别是【发预告】【开直播】【直播讲解】，选择【开直播】就会进入对应的界面，设置准备好的封面图、标题即可开播。如有需求，可添加美颜、选择频道等。

图 1-2-6 淘宝主播开播步骤

任务三　店铺入驻教程指南

直播平台的店铺入驻基本流程可分为五步（见图1-3-1）

图1-3-1　所示为入驻流程图

本章节讲解的店铺入驻，主要介绍抖音和淘宝。

1. 抖音店铺入驻

1）选择入驻类型

抖音店铺即抖店，目前不支持个人入驻，仅支持个体户或企业营业执照的商家入驻。（见图1-3-2）

平台目前包含六种店铺类型：官方旗舰店、旗舰店、专卖店、专营店、企业店、个体店，其中官方旗舰店、旗舰店、专卖店、专营店、企业店申请主体应为企业，个体店申请主体为个体工商户。

图1-3-2　抖店入驻前选择主体类型

2）提交资料

电脑登录抖店官网（https://fxg.jinritemai.com/）查询企业所在类目入驻时需要的资料、费用。（见图1-3-3）

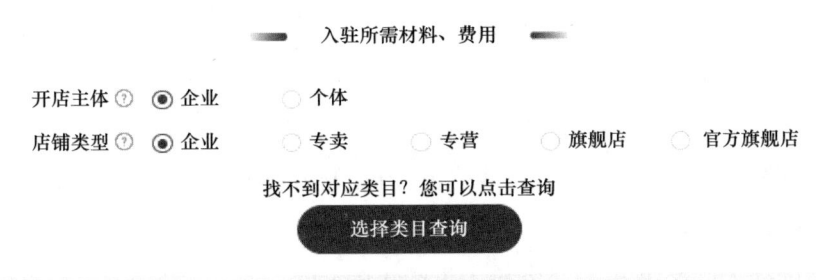

图1-3-3　入驻查询界面

以下为行业必须提交的基础资料：

①需提供三证合一的营业执照原件扫描件或加盖公司公章的营业执照复印件；

②确保未在企业经营异常名录中且所售商品在营业执照经营范围内；

③距离有效期截止时间应大于3个月；

④须露出证件四角，请勿遮挡或模糊，保持信息清晰可见；

⑤新办理的营业执照，因国家市场监督管理总局信息更新有延迟，建议办理成功后至少等待14个工作日后再入驻；

⑥若营业执照的公司名称为星号或空白等，不支持入驻，须先前往工商局添加公司名称；

⑦图片尺寸为800×800px以上，支持PNG、JPG和JPEG格式，大小不超过5MB；

⑧须提供银行账户的名称、开户行和账号，企业需提供开户主体与营业执照主体一致的对公账户；

⑨根据身份归属地，提供相应的经营者身份证件。

3）平台审核

提交资料后，平台会进行资质审核，约1~3个工作日内会给结果，如不通过也会告知审核失败的原因。

4）账户验证

支持实名认证和打款验证两种：法人/经营者为大陆身份证的个体工商户

默认实名认证，企业可自由选择；非大陆身份证仅支持打款验证。

实名认证：填写经营者/法人个人名下银行卡号，输入银行预留手机号，填写验证码即可验证。

打款验证：填写企业对公银行卡号、开户银行、开户支行的所在地及名称，输入平台给该账户的打款金额即可验证。

5）缴纳保证金

经营多类目时仅按最高金额收取，不叠加，完成后即可成功开店正常营业。类目所需保证金的数额可通过抖店官网（https://fxg.jinritemai.com/）查询。

2. 淘宝店铺入驻

1）选择入驻类型与提交资料（见图1-3-4）

电脑端登录淘宝首页（https://www.taobao.com/），顶部菜单选择【免费开店】。

淘宝店铺目前支持个人店、个体店和企业店，根据自身资源和需求选择对应的类型即可。

个人商家
个人身份证正/反面照片
已实名认证的个人支付宝

个体工商户商家
营业执照类型：个体工商户营业执照照片，法人身份证正/反面照片已实名认证的个人支付宝或企业支付宝

企业商家
营业执照类型：公司/企业/农民专业合作社等营业执照照片、法人身体证正/反面照片
已实名认证的企业支付宝

图1-3-4 选择入驻类型

个人商家开通店铺需要提供：个人身份证正/反面照片，已实名认证的个人支付宝。

个体工商户开通店铺需要提供：营业执照照片，法人代表身份证正/反面照片，已实名认证的个人支付宝或企业支付宝。

企业商家开通店铺需要提供：公司/企业/农民专业合作社等营业执照照片，法人代表身份证正/反面照片，已实名认证的企业支付宝。

2）申请开店（见图1-3-5）

提交完资料后，个人商家、个体工商户商家、企业商家均需要：确认登录账号、安全手机号是否正确，填写店铺名（180天内可修改3次），勾选入驻相关协议。

个人商家	个体工商户商家	企业商家
确认登录账号是否正确填写店铺名(180天内可修改3次)勾选入驻相关协议	确认登录账号、安全手机号是否正确填写店铺名(180天内可修改3次)勾选入驻相关协议	确认登录账号、安全手机号是否正确填写店铺名(180天内可修改3次)勾选入驻相关协议
去开店	去开店	去开店

图 1-3-5　申请开店

3）账户验证（见图 1-3-6）

个人商家需要完成：绑定已认证支付宝或完成支付宝实名认证，填写开店主体信息并提交审核，完成实人扫脸验证。

个体工商户商家需要完成：绑定已认证支付宝或完成支付宝实名认证，填写开店主体信息并提交审核，完成实人扫脸验证。

企业商家需要完成：绑定已认证支付宝或完成支付宝实名认证，填写开店主体信息并提交审核，完成实人扫脸验证。

个人商家	个体工商户商家	企业商家
绑定已认证支付宝或完成支付宝实名认证填写开店主体信息并提交审核完成实人扫脸验证	绑定已认证支付宝或完成支付宝实名认证*建议绑定/认证个人支付宝，开店后申请亮照，开店更便捷填写开店主体信息并提交审核完成实人扫脸验证	绑定已认证支付宝或完成支付宝实名认证填写开店主体信息并提交审核完成实人扫脸验证
去开店	去开店	去开店

图 1-3-6　认证要求

（1）关于保证金

卖家开店后无成交的，基础额度为 0，暂无须缴存保证金。卖家开店后出现首个成交日的，以当天订单商品对应的类目额度取最高值作为其保证金额度。保证金额度可通过首页进入【千年卖家中心】，左侧菜单【店铺管理】-【风险保证金】查询。

如曾经在淘宝有不合规经营行为或有不合规消费者行为，在开店过程中将有可能触发风险保证金。开店成功后，在经营过程中，如未按照淘宝平台规范合规经营,将有可能触发风险保证金,需足额缴纳风险保证金。保证金可在关店时解冻并提取。

3. 关于达人店铺

目前电商直播的店铺类型分为达人型和自有店铺型。

达人型是指以达人身份入驻平台的主播。他们在平台里没有独立网店,仅拥有电商权限,带货的产品为平台筛选过的供应商提供。达人开设自由店铺后将被取消达人身份。

以抖音达人为例,开通电商权限(商品橱窗)分为3个步骤:

步骤1:开通商品橱窗

核对自己是否符合开通权限资格,需满足4个条件:公开发布视频数大于等于10条、抖音账号粉丝数量大于等于1000粉丝、抖音账号进行过实名认证、缴纳500元保证金。

步骤2:提交带货资质

带货资质是指你在抖音电商所使用的身份资料信息,可以使用个人身份证、个体营业执照、企业营业执照,如在抖音其他业务如企业号/千川进行过资质认证,提交资质时会要求与其他业务资质主体保持一致。

步骤3:开通收款账户

开通收款账户是指需要有银行账户来进行佣金结算,如未开通收款账户平台将无法进行佣金结算。因此,在开通电商权限时,必须要求开通收款账户。

操作入口(见图1-3-7)

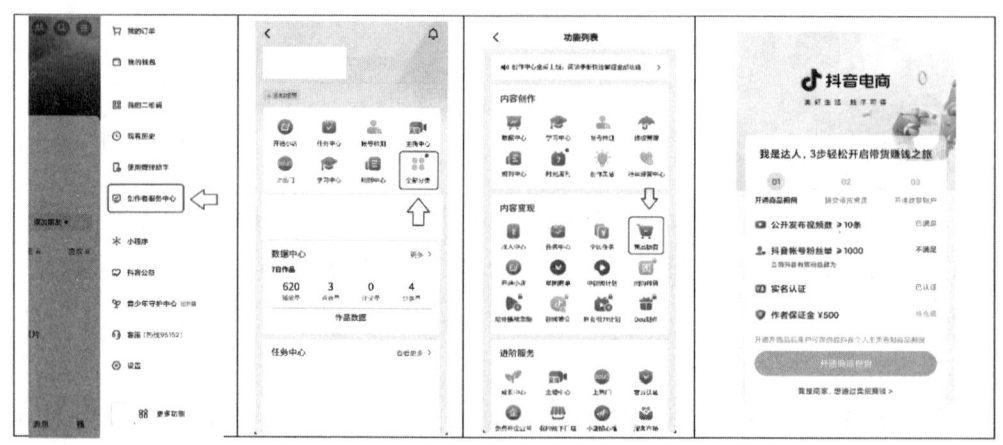

图 1-3-7 达人申请电商权限入口

任务四　商品创建及售卖操作

一、淘宝商品创建及售卖

1. 淘宝商品创建及售卖

1）商品创建

①通过应用市场下载【千牛】APP，使用支付宝/淘宝认证成功的账号登录。

②在主界面选择【发布商品】，选择一张图片，即可进入发布界面，按要求填写完信息后发布即可。（见图1-4-1）

③运费模板是淘宝默认的，如需修改，可在主页【常用工具】界面点击【全部】，找到底部【仓储物流】，点击【运费模板】进行设置。

注：淘宝主播APP也可以发布商品，【千牛】能够看到更多的数据。

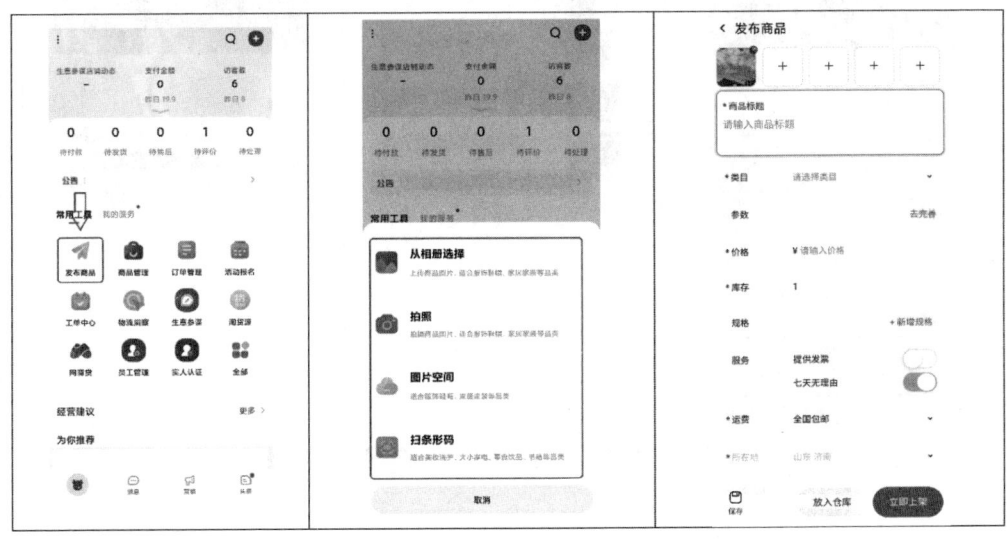

图1-4-1　淘宝手机端商品创建流程

2)售卖

进入淘宝主播 APP，点击底部的【▶】，填写完封面、标题、频道后即开启直播，点击左下角红色的口袋，进入选品界面，点击右上角的【+商品】，进入选品界面，添加完商品后，选择需要讲解的商品即可。（见图 1-4-2）

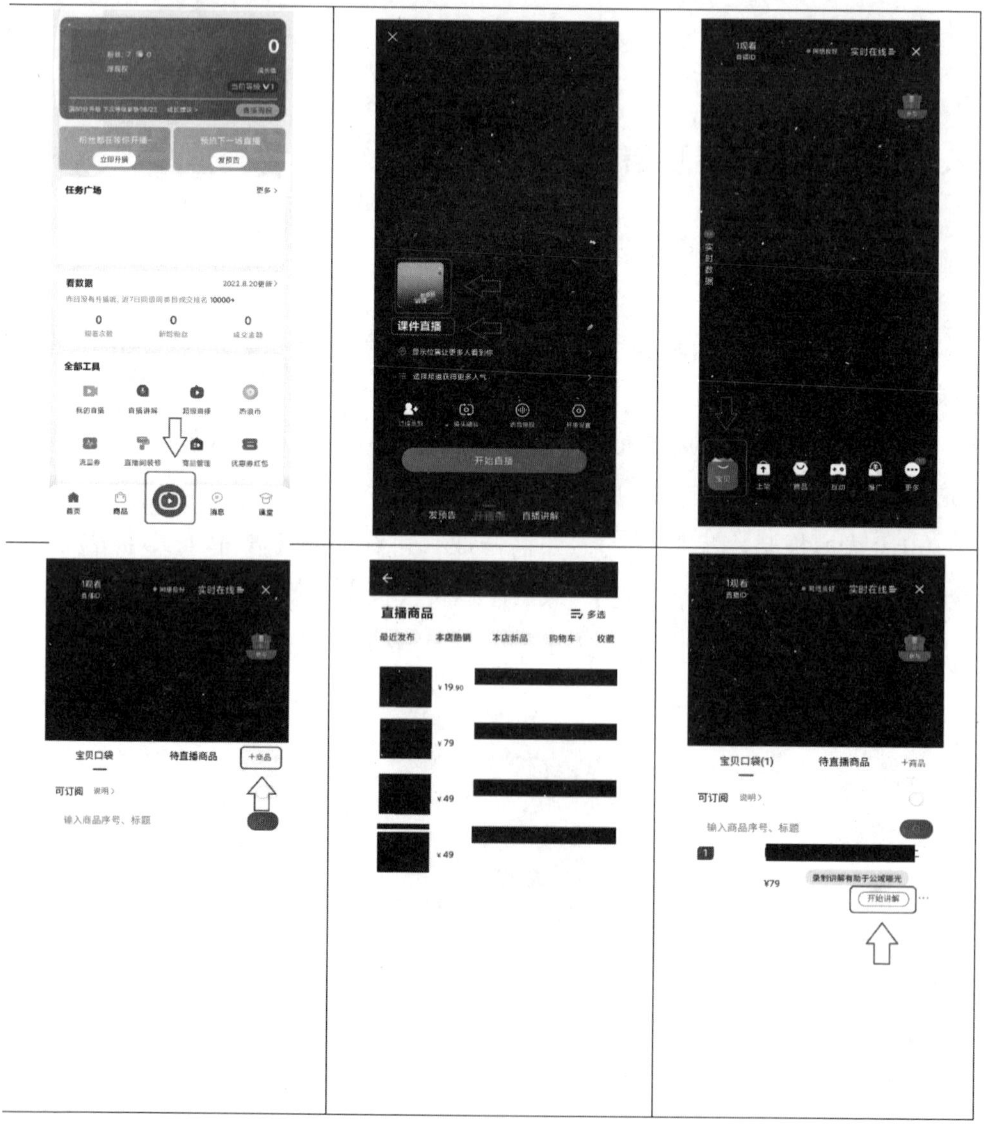

图 1-4-2　淘宝主播售卖商品流程

2.抖店商品创建及售卖

1）商品创建

登录抖店网页版（https://fxg.jinritemai.com/），找到【商品】-【商品创建】，选择商品所属类目，按照要求填写完成即可。（见图1-4-3）

图1-4-3　抖店创建商品后台

2）商品售卖

进入抖音APP，点击底部的【+】后选择【开直播】，选择【商品】即可添加，添加完成后开启直播，选择需要讲解的商品即可。（见图1-4-4）

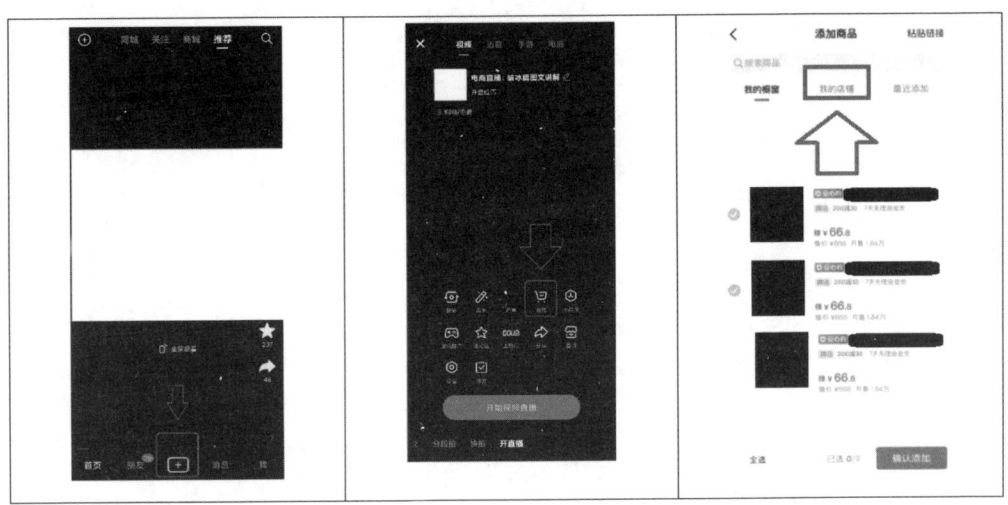

图1-4-4　抖音售卖商品流程

项目二

直播电商规则解读

随着电商直播的爆发式增长，网络直播具有应用广泛、传播速度快、准入门槛较低等特点，在直播行业快速发展的同时，也带来了恶性竞争、传播，管理无序等问题。为了促进网络直播行业有序健康地发展，相关部门出台了关于直播行业的管理办法加以管控，如2019年1月1日起实施的《中华人民共和国电子商务法》，2020年7月1日中国广告协会发布的《网络直播营销行为规范》等。

以下是从事直播与电商的通用规则。

用户发布的内容或自身行为不得包含以下情形，包括但不限于：

违反宪法或国家其他法律、法规确定的基本原则及具体规定要求；

涉及国家领导人、公检法军、国家机关、国徽国旗等形象或词语；

涉及社会负面事件、热点事件、敏感事件、红歌军歌、革命烈士等；

涉及邪教、封建迷信、低俗色情、血腥恐怖等相关元素；

违反公序良俗、社会价值观相关元素，如：歧视、侮辱、挑衅、羞辱、谩骂、威胁、攻击他人，以及实施其他干扰用户判断、敲诈勒索、发布仇恨言论、恶意引战等行为；

发布不实信息、谣言、无事实依据或当前存在争议性的内容；

分享假冒、盗版商品，或为出售假冒、盗版商品提供便利条件；

泄露他人隐私（包括但不限于他人的真实姓名、身份证号、联系方式、家庭住址等）或带有侵犯个人隐私性质的走光、偷拍等内容。他人可通过合法公开渠道得知的或涉及公共利益确有必要的除外；

其他不符合直播平台的规则或存在违反法律、法规的内容。

各大主流电商及直播的平台也有各自的电商及直播的规则，本项目通过直播规则解读、短视频规则解读、直播行为规范、电商行为规范四方面来展示。

任务一　直播规则解读

1. 直播间封面

创作者设置的直播间封面图，应遵守国家法律、法规以及《电商创作者管理总则》等平台规则规定，不得含有违反法律法规、有违公序良俗等相关信息。

1）直播间封面图不得含有危害未成年人身心健康、不利于未成年人健康成长的内容，包括但不限于：

整蛊、伤害或侵害未成年人的内容；

吸烟、喝酒、斗殴、炫富、不安全驾驶行为等未成年人不良导向的内容；

未成年人衣着暴露的内容；

直播间封面图不得含有性暗示、性诱惑、偷拍、"爱抚"等色情、低俗内容；

直播间封面图不得含有涉嫌赌博、涉及违法广告或非法使用人民币图样等相关违规行为。

2）直播间封面图不得含有虚假宣传、违规营销等干扰平台运营秩序、侵犯消费者合法权益的内容，包括但不限于：

直播间封面图不得含有诱导消费者私下交易及存在其他可能侵害消费者合法权益的内容；

不得含有虚假夸大、超范围描述、虚构商品来源背景、功效等虚假宣传内容；

不得含有宣传招募主播、主播学徒、代理商、加盟商等违规内容；

不得含有贬低、辱骂第三方、返现诱导好评等不正当竞争的内容；

不得含有违规利用体育赛事、自然灾害、疫情、突发公共安全事件、网络舆论事件等进行营销的内容；

不得含有随机、不确定性派发商品、以小博大等诱导消费者交易的内容。

3）直播间封面图，应图片清晰、光线明亮、实景拍摄、主体适中、主题明确，不得含有引人不适、传播负能量、画面质量低等画风低质的内容，包括但不限于：

直播间封面图应图片清晰、光线明亮，不得含有画面基础质量过低的内容；包括但不限于画面整体模糊、变形、过度拼接、纯文字、黑白图片等情形；

直播间封面图不得含有恶意言语刺激等"道德绑架"消费者交易的内容；

直播间封面图不得含有卖惨、危险画面或行为、虚假人设等内容；

直播间封面图不得含有可能对其他用户产生视觉和心理上不适感的内容。

2. 直播间环境

严禁在敏感时期、敏感场景中出现反党反动的环境进行直播；

严禁在私密环境下进行直播表演；

严禁在涉黄场所、涉赌场所进行直播表演；

严禁在未经许可的情况下在平台指定场所之外开播，若有特殊情况，需提前 48 小时向基地申请。

任务二　电商短视频规则解读

1. **禁止暴力演绎售卖**

释义：为获取流量和关注，采用辱骂、殴打等博眼球元素进行剧情演绎。

错误示范：

诅咒类：运用诅咒等语言进行演绎获取流量；

通过重摔、怒砸、剪、砍等破坏的方式博眼球；

通过贬低、殴打、辱骂、虐待等方式博眼球，如："猪都比你强"、下跪、扇耳光等；

通过呐喊、嘶吼、表情过度夸张的方式介绍产品和价格，并引起不适；

通过制造矛盾等方式博眼球，如：黑心老板、"你把嘴给我闭上"，主播与商（厂）家现场砍价甚至争执等；

通过黑社会、借贷等情节来为商品进行带货。

正确方式：使用文明且合规的方式传达商品信息和价值，避免使用夸大、引人不适或不符合社会良好风尚的演绎方式和手段。

2. **禁止卖惨演绎售卖**

释义：为吸引观众注意，通过哭喊叫卖、夸张剧情卖惨等博眼球的方式进行演绎，博取观众同情。

错误示范：

视频内容故意渲染悲情色彩，运用编悲惨故事的方法博取观众同情；

运用老人、残疾人等弱势群体角色，通过夸张当前处境引起共情，从而增加销售量；

视频以工厂倒闭、破产、停工等内容卖惨博取用户同情；

正确方式：不刻意卖惨以博取同情，应通过传递真实有价值的商品活动信息，来赢得观众对商品的信任。

3. 禁止炒作演绎售卖

释义：通过以超出普通用户认知或违背正确价值观的夸张演绎形式展示商品效果。

错误示范：

为了卖货夸张宣扬不正当男女关系、恶意解读婆媳关系等，比如夸张宣传小三等；

展示大额现金：设计极其反常识的剧情，如在马路上捡到的衣服内有大额现金，且表演浮夸不真实；

设计极其夸张的剧情，比如制作商品时，员工在商品内塞入大量现金。

正确方式：设计合理的视频情节，通过优质内容和表现力来获得互动和流量。

4. 错误表达爱国行为

释义：打民意牌，招摇撞骗，利用民粹主义刺激消费者心理进行营销。

错误示范：

发表恶意政治言论，对其他国家进行非理智批评，诱导观众互动或购买；

恶意且过度贬低其他国家产品来突出国货的优越性，表达"国货最强，其他国家产品差"；

恶意利用爱国情怀，引导产生过激情绪或行为，吸引观众注意力；

恶意利用爱国情怀，批评其他国家文化，诱导观众评论"只有中国强，XX国家垃圾"。

正确方式：倡导正确的价值观与爱国主义，理智、客观地进行商品信息介绍和推广。

5. 禁止使用危险行为博眼球

释义：不顾安全问题，通过高难度、高风险、高危害性行为来博眼球，刺激、吸引观众的猎奇心和注意力。

错误示范：

（1）吃有毒活物、过量食物等危险行为；

吃活蜈蚣、活壁虎、活蝎子等危险有毒活物；

吃过量食物，进食量与普通人正常情况严重不符。

（2）医疗性质危险行为；

在不符合科学医疗的情况下，进行打针或吃药表演。

正确方式：加强安全意识，遵守公序良俗，时刻牢记社会公共安全责任和底线，尽量避免自身行为对观众造成不良引导和安全隐患。

6. 禁止采用贬低他人售卖

释义：为了抬高宣传自家商品，进行恶意对比，贬低拉踩其他方商品。

错误示范：

故意穿其他店铺的小码裤子，口播讲解"隔壁家的裤子上身效果极度紧绷，再看我们家的裤子，上身非常宽松"。

试吃其他家食物商品，故意表现出很难吃的表情，再吃自家食物商品，夸张演绎出很好吃的表情。

正确方式：真实比较不同产品各自优劣势，以自身产品实际优点赢得观众认可。

特别提示：同品牌商品的新旧系列对比，不算恶意拉踩。

7. 侵权、假冒行为

释义：疑似抄袭、盗用他人内容的侵权行为及假冒官方标签或假冒专业人士来骗取观众。

错误示范：

（1）侵权抄袭行为：

直接搬运某知名读书号的讲解图书视频；直接盗用某知名服装主播的直播片段内容。

（2）仿冒官方标签：在没有官方授权的情况下，账号头像伪造成黄V、蓝V等官方标签。

（3）假冒专家人士：假冒医生、教师、教授等专业人士，在毫无根据的基础上宣称视频内容符合科学规律。

正确方式：拒绝照搬或抄袭他人创意内容，坚持原创，坚持创新，不私自伪造官方标签，不假冒专业人士，应当向观众真实展示账号身份，传递真实科学信息。

8. 恶性降价吆喝

释义：为博人眼球，通过夸张表演进行恶性降价，或以任何原因虚构商品价格和降价原因，使商品价格与降价后的价格差距过大，与商品实际价值严重不符。

错误示范：

（1）过度宣传商品历史售卖价格和夸张折扣，与商品实际价值严重不符，如"之前卖99元，现在活动优惠，1折卖出，只要9.9元"；

（2）价格虚高，通过不断连续降价，最后的底价与原价差距极其夸张，如"之前卖998元（不实信息），降到388元，还不够再降价到88元，还不够降到底价8.8元"。

正确方式：灵活利用正确的优惠政策，商品实际价值应与售卖价格相符。

任务三 熟悉直播营销行为规范

1. 不要使用绝对化用语

绝对化用语主要包含但不限于"最""一""级或极""首或国"及其他极限词汇。

不要使用上述词汇进行商品宣传（包括形容商品的功效、成分、品质、价格、市场地位等）。

常见的违规案例：

宝宝们！今天给到大家的价格真的是全网最低价了，错过这个村儿就没这个店儿了；

这款产品采用最先进的工艺技术、独家秘方配制，是国家级优质产品；

没有明确数据来源的情况下，介绍商品销量全网第一。

（当提及销量等数据时，直播中需同步说明：数据来源、提供数据的机构、数据统计时间、统计的具体类目。）

2. 不要虚假宣传

虚假宣传定义：对所分享商品的信息及各项参数进行虚假、夸大描述，对商品效果过度承诺，进行效果性宣传，发布虚假活动信息，或恶意贬低第三方或第三方产品等，以及其他可能导致用户对产品或服务的真实情况产生误解的行为。

1）不要宣传伪科学，无事实依据随意断言

常见违规案例：

把大分子打散为小分子，让精华吸收得更快更深层；

修复破裂细胞，促进细胞再生；

喝了八宝茶之后能帮助你治疗便秘，消除肚子大的烦恼，快速减肥瘦身。

2）不要夸大宣传，超出商品的功效范围

尤其是非特殊用途化妆品宣传特殊功效，普通食品宣传医疗保健功效等。

常见违规案例：

在没有美白特效证明的情况下，在直播间宣传："很多功效都不能说，这款套盒就是那啥白（美白）的效果。

在没有特殊用途化妆品备案证明的情况下，宣传商品可以防脱发、治疗脱发。

普通食品宣传医疗保健功效，如"宝宝们，这款商品能够排毒、祛湿、去肝火，还能助睡眠、安神、保持内分泌平衡。"

"宝宝们，这个红糖、红枣补气血，活血，还能有效缓解生理痛，手脚冰凉的宝宝们、体寒的宝宝们都要喝。"

"宝宝们，今天大家推荐的这瓶精华可以促进胶原蛋白再生，促进血液循环，还可以祛除红血丝、斑点、抗过敏。"

3）不要进行效果性承诺或保证

为了表达商品效果好，而宣传 X 天可以达到怎样的效果，属于效果性宣传。每个人的使用感受和效果都不尽相同，过度承诺很有可能会被判定为虚假宣传。商品的效果因人而异，不要随意承诺用了 XX 商品就会变得怎样怎样。

常见违规案例：

7 天见效，让你的皮肤白皙透亮（建议不要使用引人不适的图片展示，如满脸痘痘黑头的图片）；

7 天让你的体脂率下降 X。

4）不要宣传封建迷信

常见违规案例：

这款商品放家里可以逢凶化吉保平安、转富招福，保佑你万事平安；

这款商品嘴含金钱，可以提升运气，招财运，发大财；

这款商品可以帮助大家增强第六感、防小人。

5）涉及价格，避免宣传原价，建议用市场推广价、市场参考价等表述

原价有明确的法律定义，误用可能构成价格欺诈或侵害消费者权益，故平台不鼓励主播在直播推广、视频、商品标题、图片及其他商品宣传中出现"原价"描述。

原价的定义：指具体商品或服务的经营者在本次促销活动前七日内在同样交易场所或同样交易方式成交，有交易票据的最低交易价格。

3. 涉及第三方的不当表述

1）不要引导私下交易

私下交易行为定义：发布含有明确"私下销售"或"绕过平台销售"意图的内容，包括但不限于（V我、主页加微、主页有惊喜等）。

常见违规案例：

想要的宝宝们打开我主页+V、QQ、手机号；

想要的宝宝们可以去XXX平台搜索XXX；

想要的宝宝们可以V我。

2）不要贬低第三方品牌

不得直接表明或展示大众熟知的包装等使人直观知晓为第三方品牌，并传达对其贬低/负面感触等表达或行为。

常见违规案例：

我们这个款大衣，和某某品牌是一样的款式，材质更优，价格也比它便宜500多元；

我们这款洗面奶比某奶奶的山茶洗面奶更温和，更适合油性皮肤的女生。

任务四　直播电商行业行为规范

作为新手，需要了解的电商行为基本规范有：商品发布规范、交易管理规范。各平台依据自身的定位和特点定制了相应的平台操作细则，在此以淘宝和抖音两大平台为例介绍相关的要求。

一、抖音电商行为规范

1. 商品发布规范

1）商品类目

根据商品实际属性，填写正确的商品类目。

2）商品标题

标题字数需在8个汉字（16个字符）以上30个汉字（60个字符）以下，且应包含商品品牌、商品品名、基本属性（材质、功能、特征）和规格参数（型号、颜色、尺寸、规格、用途、货号）等，不应包含其他无关品牌及无关信息。

3）商品主图

所有主图不得含有除品牌logo以外的任何文字、水印，第一张主图必须为商品主体正面实物图，其余辅图需包含侧面、背面、平铺及细节等，顺序不强制要求，主图数量需大于等于三张，且不可包含完全一样的图片，具体以产品页面提示为准。

主图需要展示产品多角度的方位图以及产品细节图，不得出现所有主图展示同一个角度的情况。

4）商品详情

基本要求：

（1）商品详情需包含图片，不可仅为文本描述；

（2）商品描述中表明附带赠送的，应当明示所附带赠送商品或者服务的品种、规格、数量等基本信息；

（3）法律法规或行业规范中要求明示的内容，应当显著、清晰地表示，如食品、化妆品类的临保商品应明示质保期或过期时间等。

2. 交易管理规范

如用户拍下订单后，商家未按要求发货，则会有相应的处罚，发货行为规则如下：

1）发货超时

商家未在承诺给消费者的发货时效内发货并未在平台内上传真实有效物流单号。

2）虚假发货

虚假发货是指商家上传至后台的订单物流单号异常或对应的物流信息存在明显异常的情形，及商家未真实发货的其他情形，包括但不限于：

商家上传的订单物流单号，在相应物流公司官网存在异常、重复物流信息；

商家上传商品物流单号前30天内，已有不同收货人或不同收货地址的订单使用该物流单号发货；

商家上传的订单物流单号对应的物流轨迹与消费者订单显示的收货地址不符；

商家上传的订单物流单号，在相应物流公司官网出现首条揽收信息后的24

小时内没有"转运中心""中转中心""集散中心""分拨中心"等的记录更新（如：已到达、已进入、已完成、已发出）。

3）缺货或无货

订单延迟发货后72小时内无揽件信息，或商家无特殊原因除外导致无法发货的，视为缺货或无货。若商家不能在规定时限内完成发货，可在知道或者应当知道发生或可能发生该等情形后主动联系平台，作出合理解释并提交相关证明材料，平台将视情况作出处理。

4）错发或漏发

商家未按照订单明细和网页商品描述打包发送订单商品，消费者投诉收到的订单商品存在商品信息不符、少配件、少赠品、少商品。

二、淘宝电商行为规范

淘宝电商行业的行为规范主要涉及以下三个方面：

1. 产品发布

1）选择目录类

选择正确的类目，消费者会更方便地找到你。

特定的类目应该按照准入要求提供资质备案，如销售出版物需提供出版物经营许可证。

卖家应当根据所售商品，逐级选择正确的商品类目，不得将商品发布在与实际商品品类不一致的类目下。

卖家发布有准入要求的类目商品时，应遵守平台规章中各行业规范的准入要求。

2）商品要求

商品标题：商品标题可包含商品品牌、商品品名、基本属性（材质、功能、特征）和规格参数（型号、颜色、尺寸、规格、用途、货号）等，不应包含其他无关品牌及无关信息。

商品图片：卖家应根据系统提示和要求上传商品的主图、详情图、SKU预览图。图片应突出商品主体，清晰美观，不失真。

商品品牌：卖家应按照商品的品牌，准确选择品牌属性。卖家需申请品牌入驻、品牌名称变更、品牌类别变更时应遵守平台的商品品牌管理规范。

商品类型：卖家应按照商品实际情况选择商品类型为全新或二手、一口价或拍卖等类型。商品发布后限制商品类型二手或全新互转，即某商品发布时宝贝类型选择"二手"后，不能通过编辑宝贝的方式将该宝贝的类型修改为"全新"；同样，原宝贝类型为"全新"，也不能通过编辑的方式改为"二手"。

商品详情：卖家描述商品详情，应遵守以下要求：

（1）卖家可在商品描述中对商品进行拓展介绍；

（2）商品描述中对商品的性能、功能、产地、用途、质量、成分、价格、生产者、有效期限、承诺等有表示的，应当准确、清楚；

（3）商品描述中表明附带赠送的，应当明示所附带赠送商品或者服务的品种、规格、数量等基本信息；

（4）法律法规或行业规范中要求明示的内容，应当显著、清晰地表示，如食品、化妆品类的临保商品应明示质保期或过期时间等；

（5）商品描述中明示的责任条款，若违反法律和《淘宝平台规则总则》及相关规则的规定，则这些条款无效，如：内容为单方面免除卖家责任、将相关风险转嫁给消费者、或明显有失公平的条款；若不违反法律和《淘宝平台规则总则》及相关规则的规定，则这些条款有效，如：卖家为了招揽生意，明示"假一赔万"的承诺，一旦违背，则消费者有权要求卖家兑现承诺。

2. 营销活动

营销标签：卖家在设置营销标签时，应当遵守国家法律法规要求，遵守平台相关规则，切实履行对外作出的活动承诺，不得使用以下营销标签用语：

（1）容易误导消费者认为平台背书的营销宣传用语，如已品质验证、已检验是牛皮、淘宝官方验证等；

（2）容易误导消费者认为品牌权利人背书的营销宣传用语，如已正品验证、正品保证、抽检正品等。

3. 交易行为

发货时间要求：卖家须按照以下要求进行发货

（1）卖家须在买家付款后48小时内发货或设置的发货时间内发货；

（2）淘宝网官方发起的活动、特定节假日、疫情影响等情形，发货时间以淘宝网的公告通知为准；

（3）卖家与买家通过协商工具协商成功的，卖家须在协商成功的时间内发货。

项目三

直播短视频实操方法

任务一　直播电商人设定位

人设最早是指形容游戏、动漫等作品中对于虚拟角色的外貌特征、性格特点的塑造，后来随着互联网的发展，人设包含的信息越来越多，例如姓名、昵称、年龄、身高、性格、喜好、出生背景、成长背景等，基本上给用户呈现的是一个完整的、生动的人物形象。

直播人设是指主播想要呈现给粉丝面前的形象。

一、打造人设有什么用呢？

1. 吸引关注

粉丝之所以会关注，是因为粉丝希望从这个人设上可以获取未来期望的价值，这个价值可以是物质的，也可以是精神上的。相对来说，提供的价值越高，粉丝量增加得就会越快。

2. 变现更容易

粉丝关注的黏性会随着时间的增长而增长，对于主播提供的商品会有天然的"信赖感"。主播想要变现和商业化相比于没有标签的人设来说会更容易。

二、如何打造人设？

人设并不是说要给观众呈现全部信息，不是所有的信息都是具有价值的，所以要删减掉无用的信息，把有价值的信息一点点汇总起来。

那么该如何打造你的主播人设呢？我们可以通过如下由内而外的步骤。

1. 明确基本价值，即明确你以什么样的身份能够给用户提供什么样的价值？

如果上面这句话过于绕口，我们可以换个方式问，在问问题之前，我们要明确一个前提：粉丝就好比是你的好友，那么你平常会用什么样的语气和你的好友聊天呢？你们平常聊什么？是遇到问题才会聊天还是漫无目的地说些什么呢？你是经常给对方提建议还是和对方一块吐槽？

这就涉及性格的问题，每个人的性格不一样，但我们就会发现，互联网里面有各式各样性格的主播，虽然性格各异，但不影响他们成为一个优秀的主播，只要你能找到正确的"打开方式"，你也可以成为一名优秀的主播。

回到我们开头的问题，我们需要判断一下，你更喜欢哪种交流的方式：

1）选择与粉丝相处的身份

粉丝喜欢的是一个活生生的人，这个人有性格有喜好，还会给出各种各样的意见和观点，而不是一个冷冰冰的角色化的呆板形象。这就需要你做出判断，你要如何与自己的粉丝相处？

一般来说，会有以下三种基本关系：

第一种是引导型关系，例如行业专家、教师、学霸，提供专业的指导或者展示某种观点；

第二种是好友型关系，用日常生活中遇到的问题展示给你解决办法，就像身旁的好友和闺蜜，或者邻家的哥哥姐姐；

第三种是信息型关系，提供各种各样的奇闻逸事，展示各种新奇的想法，就像身边的万事通。

2）选择价值

想要粉丝持续关注就需要持续地提供价值，通常粉丝想要的价值有以下两种：

第一种是物质价值，比如可以给粉丝提供价格低、性价比高的产品，比如组团砍价、发放优惠券、红包都属于这一类。

第二种是精神价值，比如风趣、幽默的交流，比如组团砍价成功后的喜悦感，这些都是粉丝精神上的享受。

一个优秀的主播提供给用户的价值常常是物质和精神并存。

通过以上两个步骤内（性格）和外（粉丝需要）就可以对自己的人设做一个初步的定位：

我的人设定位			
与粉丝的相处关系	□ 引导型	□ 好友型	□ 信息型
具体展示的形象是	□ 专家 □ 教师 □ 学霸 其他：	□ 挚友、闺蜜 □ 邻家哥哥或姐姐 □ 邻家弟弟或妹妹 其他：	□ 奇闻逸事 □ 最新动态 □ 新奇想法 其他：
给粉丝提供的价值	□ 物质价值 □ 组团砍价 □ 红包 □ 优惠券 □ 秒杀或限购 其他：		□ 精神价值 □ 风趣幽默 □ 高冷 □ 温暖 □ 霸气 其他：
汇总：	我与粉丝相处的关系是： 我给分析展示的形象是： 我能提供的物质价值是： 我能提供的精神价值是：		

注意，新手主播在给自己做人设定位的时候一定要与自己的性格相符合，就如同人们换了一个生活的环境，原来环境的好友随着时间一长，可能就不怎么联系了，但主播不一样，"人设"会一直持续，保持内外一致才能走得更长远，也能够避免某些意外情况造成的"人设崩塌"。

2. 具体操作

个人主页即账号的主页，不论是使用的哪个直播平台，观众点开主页的那一刻，主播的人设就已经开始呈现，这就是我们常说的"第一印象"。

个人主页细分下可分为账号头像、账号昵称、账号介绍和账号封面四部分。

①账号头像，作用是传递给用户专业感和亲和感，与娱乐主播不同的是，用户对于电商直播更看重真实感，头像采用真实清晰的头像，可以显示出账号的专业性。

比如选择的人设是引导型的专家，穿正装的真人就比动画类头像能更好地传递专业性的印象，而相比动物、动画类头像则显得不真实、不专业。

这样会显得主播不真实。

②账号昵称，作用是方便传播。账号昵称就像人名一样，一个好的名字不

仅可以体现主播的特点，还可以让人便于记忆，好记的昵称一般都意味着好的传播性。

电商直播类的账号在刚开始最好采用"特点＋品类"的命名方式，这样不仅能够展示自己的特点还能够展示自己的专业，等到粉丝量达到一定程度后形成自己独特的IP之后，就可以把品类去掉，因为仅特点这一项就代表了品类，例如提到李宁、鸿星尔克，首先想到的会是运动鞋，提到娃哈哈、农夫山泉，想到的会是矿泉水，而不会是其他品类。

③账号介绍，作用是展现价值。电商直播的账号应包含四个部分，分别是我是谁，我售卖的产品是什么，我能够为用户提供什么价值（为什么值得用户信赖和期待），直播时间。

账号的介绍最好是简单明了，越是简明扼要的介绍越有利于传播。

④账号封面，即主页背景，作用是辅助展示价值。背景可以展示的价值有：专业性（例如主播和产品合照）、产品的价值（例如产品的主要功能）、信任背书（主播获得的荣耀）、活动通知（直播时间）、主播口号（主播的口头禅或标志性语言）。

主播的口号最好花时间琢磨一下，不一定是复杂的句子，但一定是有力量的，例如"买它！"。

以抖音为例，官方给的示例背景图片尺寸是 1125×633px，但实际上主页背景默认显示的高度是 400px，所以需要多次调整，展现出最佳效果。（见图 3-1-1）

图 3-1-1　抖音主页设置

任务二 直播短视频内容创作

不论人设上如何定位,最终都需要通过内容来呈现,短视频是人设的最终呈现。好的内容源于好的选题,即短视频想要表达的中心观点是什么。所以,短视频的内容创作一定要找到自己的特色方向。

在上一讲我们讲了人设定位,接下来就可以根据以下几个方向来进行选题和策划。

(一)自我特色

1. 才艺展现

才艺展示是自身所精通或者达到一定高度的技巧和能力,在有限的时间内进行充分的展示,例如唱歌、跳舞、器乐、绘画、插花、茶道、武术等。这些才艺会满足一些用户的审美需求,从而产生购物的欲望。例如唱歌的邻家妹妹适合带货女装类产品,表演器乐的邻家姐姐适合带货乐器类产品等。

才艺展示一般适合销售服装类、乐器类、装饰类、文具类、茶类等。

2. 行业/专业知识讲解

行业/专业知识讲解需要创作者具备一定的行业知识或者从事的行业比较久,并且能够用大众化的语言讲解出来。

喜欢这种类型的粉丝大都比较理性,同时对价格不是特别敏感,一般适合销售图书类、设计类的产品。

3. 剧情/搞笑

剧情短视频是指将一个故事或者生活片段以开始–高潮–结束的方式在较短的时间内用视频呈现出来的方式。

剧情短视频可采用的素材范围比较广泛,不仅有历史、神话、科学幻想,还有家庭生活、职场及工作等,观众喜欢在较短的时间了解故事的冲突和转折。不论是演故事的还是搞笑的,这种类型的视频流量一般会很大,缺点是前期策划和拍摄制作需要的时间都比较长。

这个方向适合各种品类的产品,而且也适合单价比较高的产品,例如首饰、装饰等。

4. 产品教学或玩法

这种方向的选题一般是采用趣味和产品用法相结合的方式。需要创作者具备非常专业的、垂直性的知识,同时可以把产品的亮点以玩法的形式呈现出来,例如我们常说的生活小妙招、衣服穿搭组合等,此类型的粉丝不会很多,但视频相关产品的成交率会非常高。

5. 生活随拍

生活随拍重在记录日常真实的生活场景,例如生活中两个女孩合租在一起,其中一人约会前正在准备妆容,另一人评价对方的发型、服装、妆容等,然后推荐用 XX 产品,接下来展示使用前和使用后的效果。

如果说剧情或搞笑类重在表演,那么生活随拍重在真实,以产品和现实生活相结合的方式推送。

这个方向的视频适合各种生活品类,例如家居用品、化妆品等。

6. 其他方向

创作者可跟进自己的特点,寻找自己喜欢的方向进行探索尝试。

(二)产品特色

如何暂时找不到自己的特色,可通过先选品再选题的方式来制作短视频的内容,选定产品(项目五 直播电商货品构成 任务一 直播电商选品)后就可以通过以下的方式来选题拍摄相关的短视频:

1. 生产工艺

通过展示产品的原材料筛选,加工工艺,产品包装等生产流程,可以提升观众的信赖感,就像有些饭店会将厨房做成全透明的,客人可以清楚地看到每一道菜的生产流程,卫生安全又放心。

2. 材料产地

通过探访原料产地、工厂或者果园农场等地,不仅能展示生产的流程化和标准化，还能让用户觉得好玩长知识，提升产品的好感度。

3. 发货现场

展示产品的发货现场，通过订单、包装等顺畅流程展示产品的用量大，可以让粉丝产生期待。

4. 产品用法

通过展示产品的用法和生活小妙招相结合的方式来推荐产品，这种带有服务性质，可以直接解决问题的视频更受粉丝的喜欢。

5. 产品优惠

通过展示产品砍价／优惠的方式展示产品。

6. 热点跟拍

热点永远自带流量，可以结合产品的特点，巧妙地搭配自己的产品蹭热点，例如各类节假日、时令节气、突发热点等，还有平台推送的活动，例如贴纸、音乐、话题等。

（三）短视频创作的注意事项

虽然短视频的创作方向很多，但也有一些注意事项要谨记。

1. 遵守平台规则

虽然有通用的平台规则，但每个平台都有一些自己的特点，例如抖音强调的是"记录美好生活"，快手强调的是"拥抱每一种生活"，选择符合平台调性的视频能够获得更多的曝光率。

2. 符合创作者的人设

直播电商与其他类直播账号不同之处在于，电商直播的视频需要稳定的长期的输出，如果选题与创作者的人设不符合，比如外向性格的人天天"宅"在家里，内向性格的人天天外出，刚开始也许会有一些新鲜感，但时间一长会产生"力不从心"的感觉，很难长时间坚持下去的，所以选题一定要尽可能地贴合创作者的人设，这样才能够长久地做下去。

3. 内容创新

随着互联网的发展，各个平台在内容上已经非常丰富，有时候选题完成后会发现已经有人做了怎么办？可以参照，但一定不能照搬，一定要在内容上加入自己的创新，这些创新可以在细节方面，也可以在流程方面。现在各大平台的机器算法相对完善，非原创的内容是没有办法做付费推广的，情节严重的还有可能被封号。

4.展现正能量

积极地展现正能量，不仅能够给粉丝带来愉悦的情绪，还能够让粉丝产生信赖感，从而促进销售。

任务三　直播短视频拍摄剪辑

短视频拍摄通用的工作流程是这样的：(见图3-3-1)

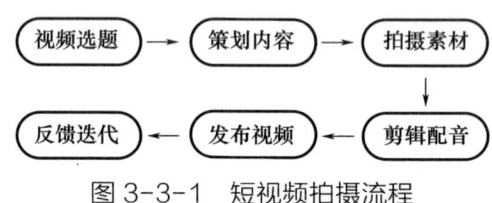

图3-3-1　短视频拍摄流程

上面的流程也称之为短视频脚本，即用文字加流程的方式展现短视频需要遵循的规划方案。

以某女装的短视频脚本示例：

夏日XX品牌女装上衣+裤子搭配组合视频脚本						
主题		夏日如何穿搭才能"飒"？				
产品		XX品牌女装上衣+裤子				
画面序号	拍摄角度	时间	动作及道具	解说	音乐	备注
1	中景	2秒	主演往上跳，落地显示第1套衣服组合	无	轻快的卡点音乐	
2	中景	2秒	主演往上跳，落地显示第2套衣服组合	无	轻快的卡点音乐	
3	中景	2秒	主演往上跳，落地显示第3套衣服组合	无	轻快的卡点音乐	
4	中景	2秒	主演往上跳，落地显示第4套衣服组合	无	轻快的卡点音乐	
5	中景	2秒	主演往上跳，落地显示第5套衣服组合	无	轻快的卡点音乐	

1. 视频选题

选题的目的最终还是为了给用户解决问题,所以首先要明确自己的用户群体是哪类人?最常用的方法是采用提出问题,然后给予答案的思路来展示产品。例如,用户是性格洒脱的女生,可以采用选题是:夏日如何穿搭才能"飒"?用户是微胖的女生,可以采用选题是:夏日如何穿搭才能"显瘦"?也可以用"蹭"热点的方法来选题,通过平台官方公布的热榜及热门话题来搭配产品。

"蹭"热点注意事项:

1)使用行业知识分析热点事件的相关内容,把产品和热点巧妙结合,切记生搬硬套,最好有自己独特的观点。

2)国家政策、新闻热点、法律法规、民事纠纷类的热点不要蹭,此类型的热点争议较大,很容易违规被限流。

2. 策划内容

现在许多刷短视频的用户常常在第一眼就会做出判断是否要继续看下去,这就需要创作者在内容上进行深度挖掘。策划内容一般可以按照起、承、转、合的方式来呈现。

1)起,即开场环节,可采用提问式开场,悬念式开场,内心独白式开场,技巧式开场等吸引用户的目光,重点是如何让用户在第一眼就喜欢你的视频,想要继续看下去,所以就需要一个快节奏或者开局的高潮部分来吸引用户。

2)承,即铺垫环节,例如造成问题的根源是什么?重点是让用户沉浸其中,了解事情的前因,让用户产生"似曾相识"的感觉,给用户一种"哦,原来我也经历过类似的事情",让用户有情景上的共鸣。

3)转,即高潮环节,例如解决问题的办法是什么?重点是让用户体验到"紧张"的感觉,如果是采用剧情的方法,则需要突出人物的冲突。

4)合,即结尾环节,例如展示解决问题后的效果,重点是让用户体验到"爽"的感觉,剧情类则需要进行反转,让用户产生想要去看下一集的欲望。

剧情类的短视频与电影拍摄不同的是,电影通常是前期进行各种铺垫,中期开始大转折,后期经过紧张的发展,最后得到一个美好的结局,而剧情类的短视频需要在较短的时间呈现起点,转折,发展过程和结局。

产品体验的短视频则需要在较短的时间(通常是15秒以内,甚至更短的时间内)完成,例如服装体验类的短视频,上衣与裙子的搭配往往是在1~2秒切换一个组合类型，节奏非常快。

3. 拍摄素材

1）拍摄设备：拍摄可采用手机，也可以采用专业的摄像头，一般视频的要求是清晰度设置在1080P，帧速率设置在30fps或者60fps。（见图3-3-2）

图 3-3-2　手机拍摄设置

2）挑选运镜

相比于单纯的拍摄产品，运镜可以让产品更有灵动，也更吸引人的目光。

运镜就是运动镜头，是指在镜头中通过移动摄像机机位或者改变镜头光轴、变化镜头焦距的方式进行拍摄，也被称为运动画面。

常用的运镜手法有八种：推、拉、升、降、摇、移、跟、环。

①推，即镜头推进，操作方法是把手机或摄像头慢慢地向拍摄主体推进，或者使用变焦的方式让拍摄主体变大。

推镜的作用是聚焦主体，这个主题可以是人也可以是物，把观众的视线从整个大环境里集中到被聚焦的主体上。

②拉，即镜头拉远，操作方法与推镜相反，把手机或摄像头慢慢地从拍摄主体向后拉远，或者使用变焦的方式让拍摄主体变小。拉镜根据剧情要求可采

用慢拉、快拉、猛拉三种。

拉镜的作用是展示背景，例如在结尾处使用可以慢拉衬托主体的渺小或者另有寓意，在开头处可以用快拉来交代故事发生的背景，在高潮处可以用猛拉来展现故事的紧张情节。

③升，即镜头提升，操作方法是把手机或摄像头从下往上拍摄。

升镜的作用与推镜相同，展现的视角更大。

④降，即镜头下降，操作方法是把手机或摄像头从上往下拍摄。

降镜的作用与拉镜相同，展现的视角更大。

升镜和降镜还可用于人物或事件气势的上升或下降。

⑤摇，即镜头摇动，操作方法是手持手机或摄像头的人或者三脚架原地不动，镜头进行从左到右、从上到下的拍摄，就好像观众站在原地打量周围的环境。

摇镜的作用是给剧情留白或者展示细节，例如展示产品的生产线、工作流程等，显示生产商的专业性。

⑥移，即镜头移动，操作方法是镜头上下左右及拍摄角度不动，人或者三脚架整体地从侧面跟随拍摄的主体前移。

移镜的作用是让观众的视线从侧面跟随主体前进，增加观众的代入感，比如拍摄包装环节，从包装到装订、打包再到贴快递单号，一件件商品就是这样包装后到达用户的手中。

⑦跟，即镜头跟随，操作方法是镜头跟随围绕主体拍摄，可以使用多种拍摄方法。

跟镜的作用是让观众的视线始终牢盯拍摄主体，比如拍摄故事，整个情节始终围绕主人公开展，再比如拍摄探店或者美食，产品从原料、加工、烹饪到端上餐桌。

⑧环，即环绕镜头，操作方法是主体作为圆点中心，围绕主体进行半环绕或者全环绕拍摄。

环镜的作用是突出拍摄的主体，让视频更有节奏感。例如拍摄连衣裙，模特背靠在一面宽阔的墙上，镜头对准模特进行半环绕，每半环绕一次女主角更换一款连衣裙，配上动感的卡点音乐，给用户展现同一场景下多种款式与背景比对的效果。

3）景别与构图

景别是指摄像头的焦距固定,摄像头根据远近拍摄主体,其远近距离的区别就叫景别。景别一般常用的有5种,分别是远景、全景、中景、近景、特写。(见图3-3-3)

①远景,指拍摄主体所处大环境的画面。一般用来展示人物及其周围的环境、自然景色等,常用于介绍背景环境,抒发拍摄主体的情感。

②全景,指包含人物全部及部分周边环境的画面。一般用来表现人物的体形、衣着打扮、身份等,全景可以展示人物与周边环境之间的密切关系,通过特定环境来突出人物的某种心情或者性格,比如模特在雨天不打伞,全身被淋湿,可以表现出主人公的无助、彷徨。

对比远景画面,全景更能够展示出人物的行为动作,表情相貌,不仅可以展示人物的内心活动,还可以展现出人物的职业等。

③中景,指人体膝部以上或者场景局部的画面。中景和全景相比,包容景物的范围有所缩小,环境处于次要地位,重点在于表现人物的上身动作,常用于讲述故事,是叙事场景里面最常用的景别,适合拍摄人物对话、动作、情绪等场景,可以清晰人物之间的关系。例如展现情侣关系的剧情反转或者冲突等。

④近景,指人体胸部以上的画面。近景是近距离观察人物的画面,能清楚地看清人物的细微动作,着重展现人物的面部表情,常常用来刻画人物性格。

⑤特写,指人体肩部以上的画面。特写主要用来描绘人物的内心活动或者强调产品的细节部分,故事的背景处于次要地位,甚至可以虚化。

图3-3-3 景别的五种类型

例如用特写镜头展现用筷子从锅里挑出来还在冒着热气的面条,既展现面条的弹力劲道又能够引发观众对美味的遐想,再比如用特写拍摄切西瓜,西瓜汁顺着菜板流到桌子上，展现西瓜的多汁。

特写镜头可以把物体或者人物的局部放大，在画面中呈现这个主体的单一形态，让观众把视线集中，近距离仔细观察，更容易引发观众的共鸣。

构图，指作品中艺术形象的结构配置方法。

短视频构图指的是在短视频中拍摄主体与周边环境的搭配比例。拍摄短视频常用的构图方法有4种，分别是中心构图、垂直线构图、三分构图、框架构图法。

①中心构图法，指将模特或产品放置在画面的中心进行拍摄。（见图3-3-4）

这种构图方式的优点在于主体突出、明确，而且画面容易取得左右平衡的效果。

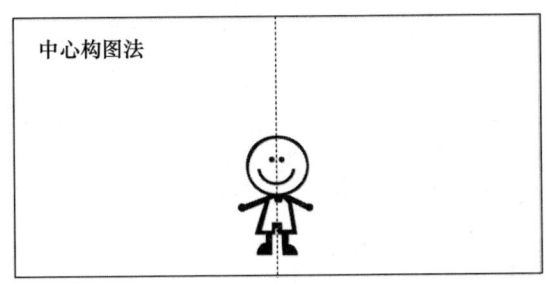

图3-3-4　中心构图法

②垂直线构图，指将多个模特或产品以垂直线条的方式均匀排列后进行拍摄。（见图3-3-5）

这种构图法适合产品本身符合垂直线的特征，例如瓶装的产品，配合特写镜头可以充分展示产品的工整和美感。

图3-3-5　垂直线构图法

③三分构图，也称井字构图法，需要将场景用两条竖线和两条横线分割，

这样可以得到 4 个交叉点,将画面重点放置在 4 个交叉点中的一个即可拍摄。(见图 3-3-6)

这种构图法是影视作品中最常用的构图手段。

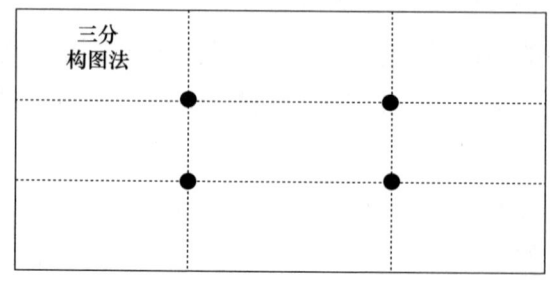

图 3-3-6　三分构图法

④框架构图法,即把产品放在框架中,会引导观众的注意力在框架内,产生跨过门框即进入画面的感受。(见图 3-3-7)

这种构图法是常用于美食类产品,例如通过厨房的窗口,展示母亲做饭的情景,引导观众想起妈妈做饭的味道。

图 3-3-7　框架构图法

此外,还有水平线构图法、引导线构图法、对角线构图法、重复构图法等,因本书篇幅有限,就不在此一一罗列了,感兴趣的读者可自行学习。

在短视频的实际拍摄中,还需根据现有的环境(比如天气、室内还是室外)等调整灯光亮度,让画面看起来更柔和,更有美感。还需要根据背景环境交替使用景别和构图法,例如背景元素多的可使用中心构图法,背景元素少的可使用三分构图法,创作者需要利用多种手段组合,使人物或者产品更具有表现力,引发观众的情绪与共鸣。

4. 剪辑与配音

剪辑，即把视频制作中所拍摄的大量素材，经过选择、取舍、分解与组接，最终完成一个连贯流畅、含义明确、主题鲜明并有艺术感染力的作品。

市面上的剪辑软件有很多，例如抖音出品的剪映，快手出品的快影，Windows 系统的 Adobe Premiere，IOS 系统的 Final Cut Pro X，一闪、快剪辑等，其功能和亮点也各不相同。

读者可根据自己的需求选择对应的剪辑软件，剪辑的工作流程如下：（见图3-3-8）

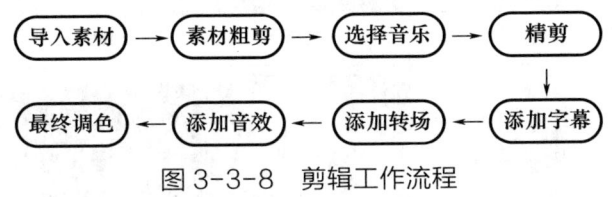

图 3-3-8 剪辑工作流程

1）导入素材，在拍摄的时候，一般会多次拍摄，所以在导入素材的时候，就相当于对素材进行了第一次筛减。

2）素材粗剪，把大概想要的一段截取出来整理成粗略的素材。

3）选择音乐，选择好应情应景的音乐，也可以采用快节奏的卡点音乐。注意，选择音乐的时候尽量选取平台版权认证的音乐，避免可能因侵权造成的麻烦。

4）精剪，精剪就需要把音乐的卡点标记出来（有些剪辑软件可以自动识别卡点），根据卡点对素材进行修剪，保证每个动作或者产品和卡点能够一一对应。

5）添加字幕，根据剧情或者产品介绍，添加相应的字幕。

6）添加转场，把每个素材利用转场的方式相融合，避免画面切换过于突兀。

7）添加音效。

8）最终调色，整个视频差不多了，可以按照需求调整每个片段或者整体画面的色调。

软件操作方面，常用到的操作有：设置画布比例、分割素材、调整素材时长、移动和缩放视频、添加视频的出场或入场动画、添加转场、添加音乐、添加音效、添加音乐卡点、画面定格、视频音频分离、识别字幕、添加字幕、文本朗读功能、添加贴纸动画等。

剪辑软件的操作大都比较简单，可参照官网教程，例如剪映不仅可以在手机上进行剪辑，还可通过电脑版进行操作。（见图3-3-9）

图 3-3-9 剪辑软件

5. 发布视频

经过以上操作，视频就可以在各个平台发布了，发布的时候注意添加视频的标题及封面。

6. 反馈迭代

发布完视频之后，就可以通过后台查看视频的相关数据，根据数据来进行短视频的迭代。

路径在各位直播APP的"创作者服务中心"，同时也可在电脑端查看对应数据。

可参考的数据有：播放量、点赞量、转发量、粉丝增长量。

1）播放量，即视频的播放总量；

2）点赞量，即用户对短视频的点赞总数；

3）转发量，即用户对短视频的转发总数；

4）粉丝增长量，即粉丝通过这条视频点击关注的人数，这条是最核心的数据，是最直接考验内容好坏的标准。

根据以上内容，可以进行自检。自检清单如下：

XX 视频内容自检清单		
项目	自检内容	是否完成
拍摄	画质是否清晰（1080P×30 帧）	√
主题	是否具备吸引力？	√
视频开头	是否提出让人想知道答案的问题？	√
	展现故事情节的高潮部分是否吸引人？	√
视频内容	是否介绍了产品的亮点和福利？	√
	时长是否控制在短时间内？（例如 15 秒）	√
	是否保留了标志性的口头禅或者标志语？	√
视频结尾	是否引导关注/点赞/转发/下单/直播间？	√
推广	是否利用公域流量宣传？	√
	是否进行了付费推广？	√
	发布视频的时间是否在黄金时间段？	√
	是否在其他渠道进行宣传推广？	√

直播平台对短视频大都采用机器审核及算法推荐的模式，当短视频发布后，平台的算法会推送一些基础流量来测试短视频的受欢迎程度（即完播率、点赞率、转发率）。平台的算法会把用户划分成一层层的流量池，例如第一层的流量池是 500 人，第二层的流量池是 1000 人，以此类推，每个平台的流量池相差不多。

如果基础流量反馈的受欢迎程度很好，就会把视频推送到下一个流量池，直到商品的平均受欢迎程度不足以进入下一层的标准位置。最终，一个视频的受欢迎程度决定了能否获取更多的流量。

完成播放量不高，有可能是视频的标题不够吸引人，可以尝试换个标题再发一次。

点赞量不高，有可能是视频没有达到用户点赞的预期，需要继续对内容进行优化。

转发量不高，有可能视频的内容没有达到用户主动转发的预期，需要继续对内容进行优化。

粉丝增长量不高，有可能是视频内容没有勾起用户的期待，需要继续对内容进行优化。

短视频就像是种子，种下得越多，未来的收获就可能越大，所以很多优秀的账号不仅是连续输出短视频，而且常常制作一系列的短视频，这样不仅专业，而且具备可持续性，让粉丝对你的视频"爱不释手，目不转睛"。同样，打造一个好的内容并非一朝一夕的事情，需要逐步探索改进。

小练习：写一写你的视频脚本，并实际操作，看看需要花费多长时间？

通用视频脚本流程						
主题						
产品						
画面序号	拍摄角度	时间	动作及道具	解说	音乐	备注

项目四

直播电商前期搭建

任务一 直播电商团队搭建

1. 团队配置

一个完整的直播团队需要的配置可简单地划分为输入端、转化端、输出端三部分。

输入端的岗位有：产品（采购、招商）；转化端的岗位有：网店管理、客服售后；输出端的岗位有：主播、运营、视频剪辑、宣传设计；直播团队一般会经历以下阶段：

第一节阶段

这个阶段一般是 1~2 人的团队，负责的岗位事项有产品（采购），网店管理，客服售后，视频剪辑，宣传设计，主播，运营（场控）。

第二阶段

这个阶段一般是 4~6 人的团队，负责的岗位事项有产品（采购），网店管理，客服售后，视频剪辑，运营（场控、付费广告投放、数据分析），宣传设计，主播及副主播。

第三阶段

这个阶段一般是 6 人以上的团队，负责的岗位事项有产品（采购、招商），宣传设计，网店管理，客服售后（包含客户回访），视频拍摄（包含文案），视频剪辑，运营（场控、付费广告投放、数据分析），主播。

团队再发展就会根据岗位划分得更细，例如主播的岗位可分为主播、副主播、助理主播，运营可分为直播运营、视频运营、网店运营等。

2. 岗位职责

1）主播、副主播、助播

主播的职责是介绍直播的活动和产品，体验产品，直播间控场，与粉丝互动。需要良好的话术设计能力、表达能力、随机应变能力、控场能力，能快速熟悉产品，能够配合视频剪辑，并给出建议。

副主播的职责是配合主播，带动直播间气氛，配合主播体验产品，提醒主播遗漏的活动、卖点、引导粉丝关注，能快速熟悉产品，在主播休息时可暂代主播。

助播的职责是实时了解销售情况、订单数并提醒主播，能快速熟悉产品，作为画外音与主播、副主播互动，在副主播休息时可暂代主播。

2）运营

直播运营的职责是直播活动策划，直播场控（负责直播现场的产品秒杀改价、库存核对以及设置活动的优惠、后台上链接，配合主播改价等），直播间的广告投放，直播数据反馈及复盘。

视频运营的职责是与产品厂家沟通视频文案策划，视频的广告投放，视频答疑回复，视频数据反馈及复盘。

网店运营的职责是网店管理，广告投放，商品上下架，与其他运营沟通同步活动，网店数据反馈及复盘。

3）剪辑

剪辑的职责是负责日常取景拍摄，熟练使用各种剪辑视频的软件，有良好的音乐感，可以展现主播及产品的特点与卖点。

4）产品宣传

产品宣传的职责是制作直播、店铺宣传用的海报、店铺内的产品主题及详情页设计，与运营沟通展现数据，复盘改进。

5）产品（采购、招商）

产品（采购、招商）的职责是负责产品的选购及招商工作，洽谈优惠，保证供货稳定。

6）客服和售后

客服的职责是负责直播过程中用户的咨询，例如产品的尺码、如何拍下产品、退款等问题。

售后的职责是联系工厂发货、退货，及时解决订单问题，还有维护好私域流量，做好差评回访等工作。

随着直播行业的发展，会不断地涌现出新的岗位与职责，同时，也会不断地淘汰老的岗位，一个优秀的直播团队会不断地学习与进步。

任务二 直播间场景搭建

直播场景是指主播在一定的时间里完成特定任务所需要的空间布置。

直播场景的目的是指引观众在特定的时间内通过观看直播引发特定的心境、行为或需求,并因此促进用户完成某个特定的任务。比如,娱乐直播间的场景会让主播传递出更多丰富的信息,电商直播间的场景会给用户传递专业、稳定的感觉。

直播间的场景根据环境封闭与否可划分为室内直播场景和室外直播场景两种。目前直播用得最多的是室内直播场景,通常由背景、灯光、道具、装修、房间布局等因素构成。

直播间一般会按照区域划分为:直播区、摄影区、货品摆放区、办公区、休息区。(见图4-2-1)

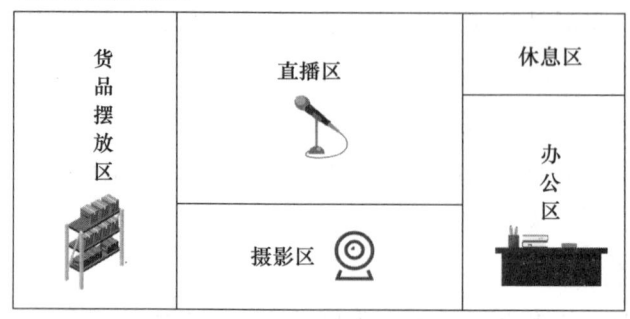

图 4-2-1　直播间布局示例

1)直播展示区

直播展示区,即观众通过直播画面看到的区域,主播在此区域进行直播讲解。

影响直播展示效果的因素有两个:背景和灯光。

①直播间背景是指主播身后的背景，例如 KT 板、白色或淡灰色的墙面、窗帘、门店内、商场内，这些都可以用作直播间的背景。

②直播间灯光的作用是全方位展示主播及产品，给观众呈现唯美的效果。（见图 4-2-2）

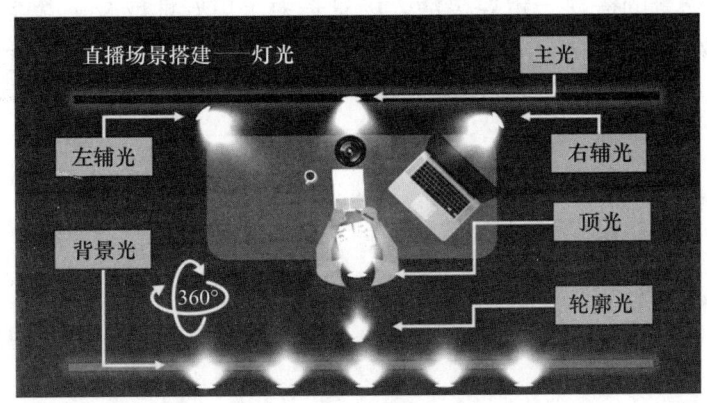

图 4-2-2　直播间灯光布局示例

直播间的灯光设备一般由环形灯、补光板、补光灯、柔光灯、射灯等组成。

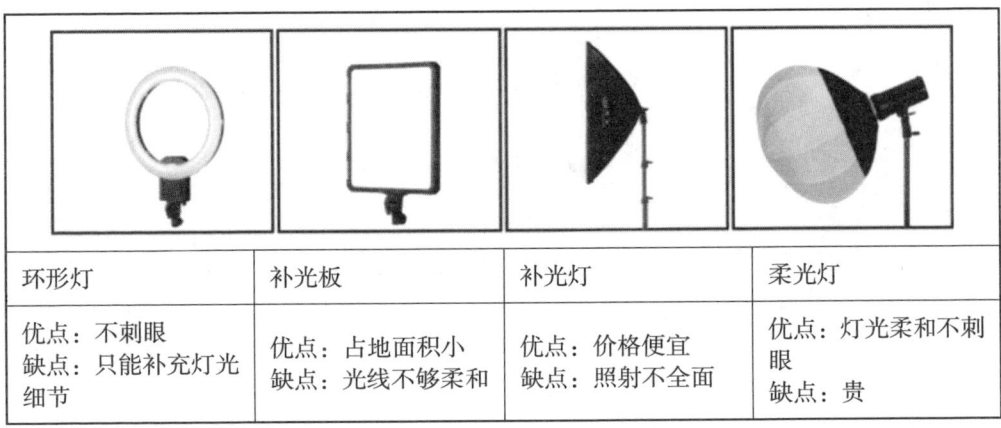

环形灯	补光板	补光灯	柔光灯
优点：不刺眼 缺点：只能补充灯光细节	优点：占地面积小 缺点：光线不够柔和	优点：价格便宜 缺点：照射不全面	优点：灯光柔和不刺眼 缺点：贵

2）摄影区，即放置直播设备的区域，直播团队里的剪辑可以在此拍摄第三方视角用于宣传。

摄影区的设备有画面采集设备、声音采集设备和辅助设备。详细可见本书项目七　直播电商带货实操 任务一　直播常用工具介绍。

3）货品摆放区，即货品展示的区域，要求是货架整齐，取货方便，可用于视频剪辑和直播时展示。

4）办公区，即运营及客服人员办公的区域，及时向主播传递相关信息。

5）休息区，即后台人员休息的区域。

根据直播的品类不同，需求的直播面积也各不相同，例如穿搭类直播间需要 15~20 平方米房间，美妆类直播间需要 5~10 平方米房间。

直播间场景的搭建一定要灵活，场景是为了更好地成交，既能展现产品的亮点，又能够给观众传递专业、稳定的感受，所以搭建一定要与直播间推送的产品相匹配。

项目五

直播电商货品构成

现如今互联网发展迅速，知识爆炸，许多概念日新月异，想要成为一名优秀的直播电商从业者就需要不断地学习和进修。本书旨在让一名新手主播踏上自己的直播电商之路，所以选择的知识遵循最小必要原则，读者可在此基础上进行延展和学习，不断地更新迭代自我的认知。

从消费者的角度看，整个电商直播的流程是这样的：（见图5-1）

（1）通过APP里面的视频"推荐/推广"看到直播间；

（2）选择自己感兴趣的主题进入；

（3）认同主播的推荐；

（4）下单购买直播间的产品。

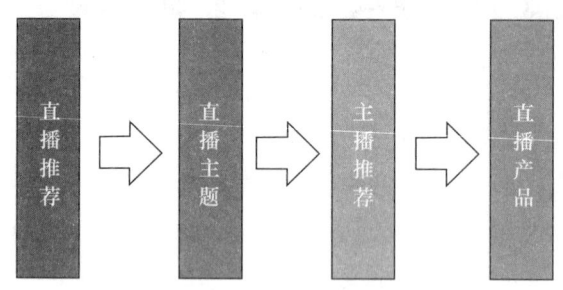

图5-1　消费者视角

最终直播团队与消费者建立联系的要素是产品，那么这就涉及如何选择作为纽带的产品。电商直播的选品有两个方向，一个是以主题定产品，一个是以产品定主题。

以主题定产品的主播或团队通常是本身具备一定的直播经验或者粉丝基础，有自己独特的风格，所以这类主播或团队需要根据自己的风格来选定产品。同样，更多想要从事主播的人往往是1人团队并且是0粉丝0基础风格不确定的情况，这时候可以考虑以产品定主题的方向。（见图5-2）

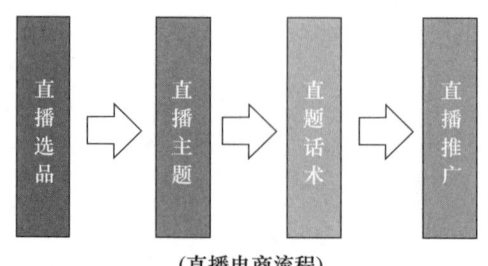

(直播电商流程)

图5-2　直播电商视角

即通过选择的商品来确定自己直播的主题，根据主题来设计对应的话术，再根据主题和话术来选定推广的方式和内容，通过"推广/推"荐呈现在消费者面前，最终形成交易关系。

不论是职业主播还是个人主播，最终能让用户形成信任并且能够长久的信任就是产品，这是整个直播电商流程中最重要的部分，因为主播推荐的产品质量的好坏直接影响到用户后续是否还会购买，用户后续能否继续购买关系着直播或者团队选定的直播赛道是否能够延续，甚至会持续影响到主播个人的未来发展。

最近几年，发现市面上明星代言的产品越来越少，一方面是因为明星们带货"翻车"的事件频发不断，另一方面是各类主播亲身体验的过程更加让人信服。

举办一场火爆的直播不难，但想要举办一场不仅火爆而且后续能够持续火爆并带来好的口碑的直播就需要把选品工作做好，只有给消费者提供的产品好了，才能够赢得消费者的信任，直播的商业模式才可以延续。

任务一　直播电商选品

在本章节里,直播电商选品通过选品方向、选品标准、选品禁忌三部分来拆解如何选品以及注意事项。(见图 5-1-1)

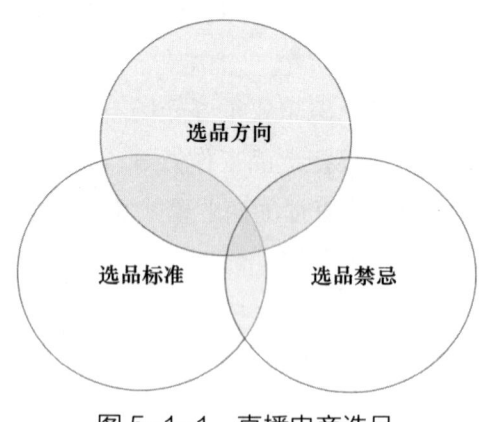

图 5-1-1　直播电商选品

(一)选品方向

在确定选品之前一定明白,这个方向是不是可以在自己掌控的范围内,假如这个产品卖得很火爆,但是自己联系不到稳定的供货渠道,甚至厂家不能够按时供货,这对于主播或团队都是潜在风险,与其等待风险的发生,不如一开始就把风险降到最低。

1. 市场供应量大

因为有需求才会有供应,与其费力去思考消费者需要什么,不如看看实际市场上都在卖什么,作为刚起步的新手,能够预判并且预判成功是极少数的,所以稳扎稳打是最佳的起步方式。

线上搜索:参照各大购物或直播平台的品类销量排行榜,多平台对比,根据自己能够呈现出的特点去选定对应的行业。

线下调研：通过线下调研和统计的方式，确定选品的方向。例如可以统计附近商业街店铺的品类，再统计其他商业街的品类，通过村镇到区县，再到市中心，逐层推进，汇总的结果就较容易得出本地供应量大的产品了，供应量大意味着供货较为稳定。（见图5-1-2）

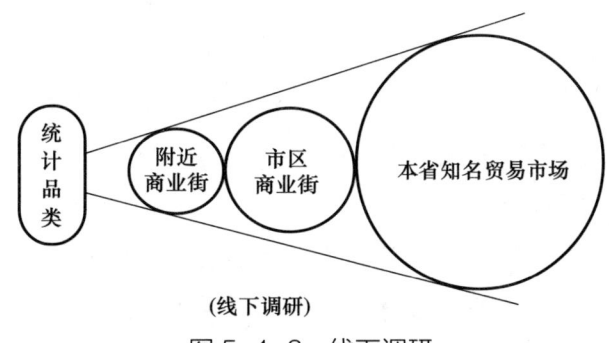

图5-1-2　线下调研

同样的方法也可以适用于统计本省，例如到本省较大的贸易市场去调研，按照省份统计的好处是得到的数据更加全面，确定前期调研需要的花销较多。

2. **本地特色或自身资源**

即本地特有的产品，对于新手来说，销售本地特产是一个不错的选品方向，特色产品往往具备拿货方便、品质较为可控等优势。也可选择本地具备的资源，选择自由产品或者通过亲朋好友找到相应的供货厂商。

3. **囤积货品及反季产品**

这个方向的选品对于新手来说风险较大，同样其进货的成本会比较低，能够获得的利润较高。

对于实体的生产厂家来说，只要有生产必然会产生库存，有些生产商为了快速回笼资金，往往会在短时间里以较低的价格出售。造成库存堆积的原因往往是销售淡季，也有些来自工厂尾货、弃单、产品迭代、工厂倒闭等方面。

提前囤货后等到旺季来临，用略低于市场价的方式销售，较容易获得热卖。另外，直播团队具备一定的眼光和实力，也可以尝试反季节售卖。

4. **定制产品**

市面上通用的产品往往具备统一的标准，消费者对其价格较为敏感，往往倾向购买售价更低的产品，而定制产品虽然小众，但因其对标产品少，生产标准不统一，制作工艺复杂等原因，其消费群体的认可度反而较高，退货率更少。对主播而言，建立个人品牌相对容易些。

例如手办、3D 打印、国潮服装、COSPLAY 的用品等。

（二）选品标准

电商直播的过程并不仅仅是指直播过程中用户下单，还包含用户收到货品后，使用并评价的过程。许多崭露头角的优秀主播往往因为一次翻车，就导致其个人品牌下降无法继续经营，甚至被全网封号。想要预防此类事件，就必须对直播间售卖的产品严格把关。

1. 供货方资质齐全

供货方不论是渠道商还是自产自销，都需要具备合法性，即供货方需具备法定认可的营业执照及相应的手续，例如食品类需要渠道商具备食品生产许可证、食品流通许可证等。

不论是个体主播还是团队主播，必须对对方的资质进行严格的核对，这不仅是对观看直播的用户负责，也是对自己的商业行为负责，这样，将可能发生的法律纠纷导致的损失降到最低。

资质可通过"全国企业信用信息公示系统"、政府相关网站或者第三方平台查询其经营状态是否正常，是否有未处理完的纠纷等。

全国企业信用信息公示系统网址：https://www.gsxt.gov.cn/index.html。

2. 产品卖点或需求明确

用户购买产品是为了满足自我的需求，新手在选择一个产品时一定要看这个产品是否满足了用户具体的需求。

消费者选择购买产品，要么是该产品的外观吸引人，要么是功能吸引人，如果这两点都不明确，说明其可替代产品多，并不是最佳的选择。

新手选品的时候一定要注意甄别，多询问身边人的意见或者使用感受，供货方的产品宣传得再好，也需要有人用才行，切勿盲目囤货。

3. 产品性价比高

性价比高是指商品的品质好，价格低，对于消费来说，买到就是赚到，物超所值。性价比高在任何商业模式中都能够让经营者站稳脚跟，尤其是在直播带货方面，用户可以通过各种直播间看到各种同类型的产品和竞争产品，其对于主播及产品的品牌忠诚度不容易提高，所以新手主播或团队选择的产品性价比越高，越能够吸引用户的目光。经常售卖性价比高的产品有利于主播或团队的粉丝沉淀，打造个人 IP 更容易。

4. 复购高、运输容易

产品的复购是指用户购买产品的频次高，例如零食、手机壳或者其他附加产品等。这类产品不一定性价比多么好，但一定满足用户的某种需求，比如外观靓丽、口感好等。同时，在选品的时候，要注意该产品是否便于运输，有些产品虽然复购率高，但不适合长途运输或者因为运输会减少其实用效果，例如生鲜类产品，不仅运输的费用高，而且因运输时间越长就越容易影响口感。所以选择复购高及运输容易的产品，有利于新手起步。

（三）选品禁忌

1. 杜绝假冒伪劣

随着直播带货发展得如火如荼，供货市场也伴随出现了许多假冒伪劣产品，供货商呈现的销售数据"掺水"甚至是"灌水"的情况，一些"昧良心"的供货商为了跟随热点赚快钱，会提供远低于市场供货价的贴牌甚至山寨的产品。

在选品的过程中一定要擦亮眼睛，不要被"蝇头小利"所诱惑，卖假货不仅是道德问题，更是违法行为，对主播和团队都会造成灾难性的影响，甚至会因触犯法律而获刑。

2. 慎选退货率高的产品

即便经历过以上筛选步骤，但依然会出现某些退货率高的产品，尤其是需要用户体验过后才能确定是否真正要购买的产品，诸如按摩仪、床垫、大型家具等。即便选择的品类卖点明确，性价比高，渠道正规，手续齐全，运输容易，但消费者更看重的是个人的体验，所以对于退货率高的产品一定慎重选择。

对于新手来说，要结合自身资源确定商品，不要盲目跟风，尤其是那些无法把控风险的产品（例如供货风险、运输风险等）。

供货风险：指由于其供货不确定引起下游企业无法正常运作或日常运作受到影响，从而使整个供应链有受损的可能性。

运输风险：指因路程遥远，运输工具多样化，装卸仓储频繁等造成货品意外损坏的可能性。

任务二　直播电商组品与排品

在实操过程中,经常会看到一个词叫做SKU,SKU全称为Stock Keeping Unit(库存量单位),即库存进出计量的基本单元,可以是以件、盒、托盘等为单位。例如洗发液,可分为普通装和旅行装,虽然是同一个类型的产品,但是在库存方面,需要记为2个SKU。

组品,即商品的组合售卖,例如许多产品都会附带赠品或者组合销售。

排品,即在直播间销售产品的出场排列顺序。

组品与排品就好比造楼,一座大楼是由砖头构成的,一部分砖头组成窗户,一部分砖头组成厨房,这就是组品;整层大楼一楼用来接待,二楼用来办公,这就是排品。但是一堆砖头堆积在一起是无法成为一座大楼的,好的组品和排品可以为直播间打好辅助,更快地达成销售目标。

(一)组品

目前有3种常用的组品方式:

1. 买赠产品组合

该组合的方式是指以买一款产品赠送另外一款产品的组合,赠送的产品可以是同产品,也可以是不同的产品,还可以是其他产品的优惠券,例如买大瓶洗手液赠送旅行装的小瓶等,常常是同一个产品的不同SKU,也可以是不同的SKU组合,例如买裤子、送袜子等。

2. 关联品类组合

该组合的方式是指关联的产品搭配组合,例如衣服类产品和鞋帽类产品搭配销售,买上衣可以享受半价购买指定鞋帽类产品一件。

3. 品牌联合组合

该组合的方式是指两个或者多个不同品类但具备一定知名度的品牌组合,

例如满减优惠，只要是购买两个或多个品牌的销售总额超过一定数额就可以享受整体的打折优惠等。

（二）排品

常见的排品有两种方式，一种是引流式，一种是关联式。

1. 引流式

产品根据其利润可分为引流款、宠粉款和利润款三种：引流款，指能够为直播间带来流量的产品，其特点是便宜，不论是不是直播间的粉丝都可以下单购买；宠粉款，指的是转为直播间粉丝准备的产品，其特点是性价比高，此款可以为直播间增加粉丝数量；利润款，指能够为直播间带来利润的产品，其特点往往是外观精美，受众人群少。

引流式是指按照 ABC 的方式进行排品，即引流款 – 宠粉款 – 利润款 – 引流款 – 宠粉款 – 利润款。

2. 关联式

关联式是指根据商品的关联程度进行排列，例如第一款产品是空气炸锅，第二款产品是空气炸锅专用吸油纸，第三款产品是空气炸锅专享的美食素材等关联产品。

组品和排品的组合与顺序需要提前预备好，切勿临到开播的时候再选择，否则不仅容易打乱直播间的节奏，而且影响观众的体验。

项目六

直播电商内容策划

直播内容策划是指关于直播内容的安排和创新。好的内容策划可以发挥主播的特点，规划直播的流程，遇到意外情况时可以按照流程继续推进，保证整个直播流程的稳定，最终实现直播效益的最大化。

任务一　直播脚本策划

直播脚本，是指用文字加流程的方式展现直播需要遵循的规划方案。一场直播通常是2~3个小时，主播不仅需要记录所有出场产品的组合以及出场的顺序，还需要把握好与观众互动的时间，新手主播有可能会漏掉一些环节或者突然忘记下一个环节是什么，会有冷场的尴尬。

提前设置好直播脚本，可以保证整个直播环节有序稳定地进行，也可以让主播更加投入直播。

直播脚本从某种程度来说还是一道保障，当直播遇到意外情况的时候，比如展示的货品意外损坏，主播与粉丝互动过于投入忘记时间等情况，有了脚本的参照就可以让直播顺利进行下去，毕竟电商直播的目的是完成目标，获得营收。

直播脚本需要策划的内容有三部分：直播主题及目标、人员职责及道具设备安排、直播内容及时间安排。

1. 直播主题及目标

1）直播主题

直播主题是指本次直播活动所要给用户呈现出的中心思想，电商直播主题则是指给用户呈现出的价值，包括金钱价值和精神价值。

设立主题可以让用户直观地了解到本场直播所提供的价值。例如"炎炎夏日，解暑神器有哪些？""七夕情人节，总有一份礼物让 TA 心动一刻。"

主题的设立需要遵循以下几个最小必要原则：

①是否表明亮点，即具体提供的价值，例如品牌、折扣、粉丝专享、私人

订制等；

②是否简单明了，让用户看一眼就能迅速明白所传递的价值；

③是否能够吸引用户眼球，即标题是否有趣，让人看一眼就想点进来观看。

直播主题可以采用提问的方式，也可以采用叙述的方式，但至少能够满足以上三个原则中的一个，对于新手来说，一个既无趣又无用的主题将很难有高的转化率。

2）直播目标

直播目标是指对整场直播活动结果预期的主观设想，电商直播的目标通常包含许多项目，并且这些项目会具体化，例如本次直播的目标需要新增粉丝数XX人，销售总额达到XX元，利润额达到XX元等。

设立直播目标可以为直播活动指明方向，能够让个人或者团队都朝着既定的目标前进。

电商直播的目标通常有一项或者几项过程，分为：商品销售额、新增粉丝数、观众总数、评论人数、利润额等，可根据自身发展的需要进行设定。

作为电商类的直播，每场直播都需要消耗大量的人力、物力、财力，还包括时间成本、设备损耗、前期准备及后期工作等，设定直播的目标后，可以清晰地评估主播及团队的工作进展，督促自我及团队前进。

2. 人员职责及道具设备安排

1）人员职责

人员职责是指必须承担的工作范围、工作任务和工作责任。

设定好人员职责后，可以更好地帮助主播团队高效地完成既定的工作，保证直播的顺利进行。

人员职责需要根据主题及目标进行延伸：

①开播前：设备检查、场地检查、货品检查、道具检查，开播人员是否就位；

②直播中：及时向主播及副主播汇报数据，视频剪辑，推广；

③直播后：订单统计、发货、退货等售后工作。

2）道具设备安排

每次直播的主题、产品、互动形式会有些许差异，这就需要提前准备各种不同道具及设备，保证直播间的气氛。

例如，互动环节的限时秒杀的计时器，售卖商品时需要展示的赠品，还有某些搞笑类主播反向带货用的各种道具等，都需要提前准备。

3. 直播内容及时间安排

直播内容是指直播根据主题所呈现的实质性的内容，具体包含以下部分：

①开场预热

②话题引入

③产品介绍

④粉丝互动

⑤小结预告

一般来说，一款产品的介绍最好不要超过10分钟，新手主播也可按照自己的实际情况设计脚本的流程。在上一章节讲到的两种排品方式，按照其中引流式的脚本就可以做成如下方式：

以120分钟的直播流程：

时间安排	直播内容	主播安排
20：00—20：05	开场预热	主播1号 + 主播2号
20：05—20：10	话题引入	主播1号 + 主播2号
20：10—20：20	引流款	主播1号 + 主播2号
20：20—20：30	宠粉款	主播1号 + 主播2号
20：30—20：40	利润款	主播1号 + 主播2号
20：40—20：50	优惠券/互动	主播2号 + 主播1号
20：50—21：00	引流款	主播2号 + 主播1号
21：10—21：20	宠粉款	主播2号 + 主播1号
21：20—21：30	利润款	主播2号 + 主播1号
21：30—21：40	优惠券/互动	主播2号 + 主播1号
21：40—21：50	福利款	主播1号 + 主播2号
21：50—22：00	小结/预告	主播1号 + 主播2号

新手主播如果拿到的SKU较多，可以采用过款型的流程，即一个产品在直播中只介绍一次，示例脚本如下：

时间安排	直播内容	主播安排
20：00—20：10	热场互动	主播1号 + 主播2号
20：10—20：40	第一组引流产品3款	主播1号 + 主播2号
20：40—20：50	第一组宠粉产品1款	主播1号 + 主播2号
20：50—21：00	优惠券/互动	主播1号 + 主播2号
21：00—21：30	第二组引流产品3款	主播1号 + 主播2号
21：30—21：40	第二组宠粉产品1款	主播2号 + 主播1号
21：40—22：00	第一组+第二组快速过款	主播2号 + 主播1号

新手主播如果拿到的SKU较少，可以采用循环型的流程，即一个产品在直播中多次介绍，示例脚本如下：

时间安排	直播内容	主播安排
20：00—20：10	热场互动	主播
20：10—20：40	引流产品3款	主播
20：40—20：50	宠粉产品1款	主播
20：50—21：00	优惠券/互动	主播
21：00—21：30	引流产品3款（第一次循环）	主播
21：30—21：40	宠粉产品1款（第一次循环）	主播
21：40—21：50	引流产品3款+宠粉产品1款 快速过款	主播
21：50—22：20	小结/预告	主播

主播可根据实际情况设计脚本，通用直播脚本的模板如下：

直播脚本示例表					
直播主题			直播目标		
直播时间	直播内容	产品图片	产品卖点	人员及职责	道具安排
备注					

任务二 直播话术策划

用户从直播间所能接收信息的渠道只有两个：视觉和听觉。视觉包含直播间背景，主播妆容等直接呈现；听觉包含音乐，主播的声音等。

通常用户刷到直播间会有以下行为：

1）看到的是主播的妆容，直播间的背景布置，主播的声音，直播的主题；
2）对主播所说的东西感兴趣，点进去观看；
3）主播介绍的产品符合自己的需求，进而查看产品详情；
4）主播演示体验产品的效果，符合用户的预期，下单购买；
5）用户继续观看，参与互动直至直播。（见图6-2-1）

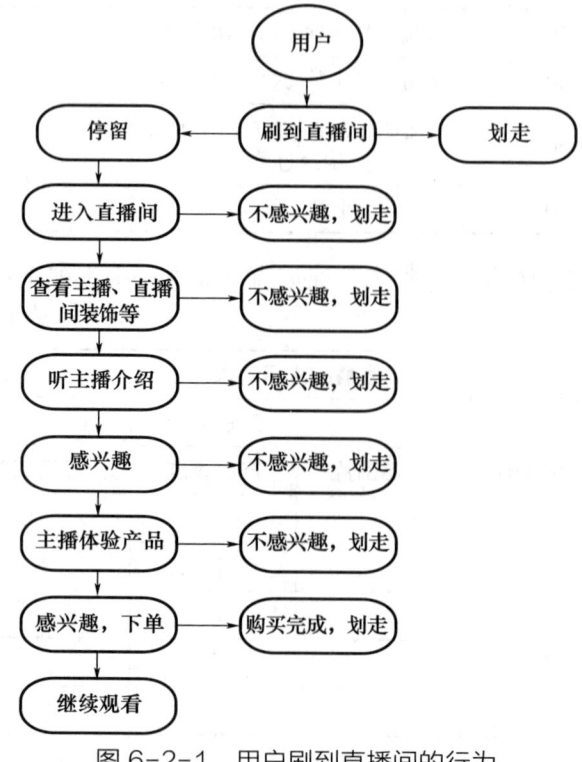

图6-2-1 用户刷到直播间的行为

以上是一个用户完整的体验过程，像主播的妆容、直播间的布置、直播的主题，直播介绍的产品都可以提前准备，而且准备好之后在直播过程中几乎不需要改动，而唯一能够长久持续吸引用户关注和产生购买行为的就是主播的话术，由此可见，话术在直播过程中起到决定性的作用。

话术，原本指说话的艺术，随着时代的发展，话术的定义不仅仅是讲话的人单方面的输出，还包含对用户的察言观色，从对方的几句话中挖掘出对方的需求信息，并提供相应的价值。

直播话术是指主播在直播间说话的艺术，并且能够通过用户反馈及时调整，拉近与用户之间关系的方法。直播话术根据直播脚本可分为开场预热话术、话题引入话术、产品介绍话术、粉丝互动促单话术、小结预告话术。

1. 开场预热话术

开场预热话术包含两部分：欢迎话术和主播自我介绍话术。

1）欢迎话术

欢迎话术是指当观众进入直播间后，主播对其表现出友好和关注的说辞。欢迎话术可以软化观众对直播间冰冷的印象，起到破冰的作用。

直播间的欢迎话术示例如下：

①欢迎 XX（用户昵称）来到我的直播间，马上开始 XX（直播主题），还有限时秒杀哟，不要错过（提供价值）。

②欢迎 XX（用户昵称）进入直播间，这个名字好有意思，一看就是别有韵味（吸引注意）。

③哎呀，我看到 XX（用户昵称）来了，欢迎欢迎，今天我们要讲讲关于 XX（直播话题），你也来和我一起互动吧（激发同理心）。

2）主播自我介绍话术

主播自我介绍的话术是指向直播间里面的观众介绍自己，并展示自己能够提供的价值（包含实际价值及精神价值）。

主播自我介绍可以拉近与用户之间的关系，期待用户留在直播间可以得到的价值。

主播自我介绍话术示例如下：

①主播拥有 XX 年的从业选购经验，占过便宜，踩过坑，点点关注，不迷路！

②欢迎各位小伙伴来到我的直播间，主播人美才艺多，希望接下来的直播让你开心，请多多支持哦！

2. 话题引入话术

话题是指谈话的中心，是一个事件所关联各种事件的概括。

直播间的话题引入通常具有以下作用：

①引起观众的共鸣；

②促进主播与粉丝之间的交流；

③观众度过无聊的时光。

当然话题也会引发一些无谓的争端，甚至变成网暴，所以主播需要一定的控场能力，避免话题朝坏的方向发展。

话题引入话术包含三部分：引入话题，观众互动，延伸话题。

1）引入话题：首先是通常话题以问句为开头，例如："夏天敏感肌肤怎么搭配化妆品？""夏天太热了，想要穿凉快的衣服但是又怕显得腿粗，该怎么搭配衣服好呢？"

2）观众互动：话题引入之后需要主播在直播间与观众进行互动，例如："遇到同样问题的小伙伴们扣1""有同样困惑的朋友们扣6"。

提问的时候切记不要询问需要观众过度思考的问题，即不要提问负责的问题，最好是单纯的选择题或者肯定和否定的问题，因为整场直播间通常会持续2个小时甚至更长的时间，开始询问稍微复杂的问题不利于观众停留。

3）延伸话题：主播如收到意外的回复一定要给予反馈，反馈结束后可以再对这个问题进行延伸，例如自己的经历，他人的经历等。

3. 产品介绍话术

产品介绍话术是指把产品的特点、功效、材质进行口语化的表达，并通过创造需求场景让用户共鸣的表达方式。

虽然每个产品都有说明书，但如果在直播的时候照本宣科，不仅会降低用户购买产品的欲望，还会降低粉丝停留的意愿度，而且也不利于主播积累个人品牌。

通常用户购买直播间推荐的产品是因为用户在直播间呆了足够的时间，对主播有一定的了解才会下单，很少有用户会在直播间里看了一眼主播展示的产品或者被主播的一句话打动立刻下单，相对来说，粉丝大都是通过关注到认可主播再到下单。网上有些所谓的"秘籍"或者"技巧"而展示的案例都属于前期已经有了某些方面的积累，这些"爆单"的案例都是通过积累呈现出来而已，0积累就可以爆发属于极小概率的事件，用户最看重的依然是产品能够带来的价值，话术相当于一个催化剂，可以减少时间上的沟通成本，但是话术本身不能替代产品。

写产品话术前，需要对用户有一个清晰的判断，如果对于产品的用户群体不清晰，可以通过表格的方式来筛选用户需求，常用的参数，比如用户的年龄段、性别、使用产品的场景是室内还是室外？春夏秋冬适用于哪个季节？晴天和雨季都可以用吗等等，添加的参考参数越多，画像越准确。

用户需求表		
年龄段		
性别	□男	□女
适用场景	□室内	□室外
季节	□春夏	□秋冬
天气	□晴天	□雨天
……	……	……

产品话术的重点不在于直白地介绍产品的特点、功效、材质，而在于根据用户的需求创建的场景，把产品的特点、功效、材质包含在场景之内。

以女装旗袍为例：

①款式

错误展示方式：这款衣服是典雅款。

正确展示方式：这款衣服呢，特点是轻柔，颜色搭配很柔和，很适合在夏天穿搭，体现美女们典雅端庄的气息，所以这款旗袍也叫做典雅款。

②材质

错误展示方式：衣服是纯棉材质。

正确展示方式：旗袍的材质是纯棉的，舒适的面料有着超好的质感，穿在身上很轻盈，拿在手上就能感受出来，轻轻地捏一捏，就能感受到材质的柔软。

③型号

错误展示方式：型号有 M 号、L 号和 XL 号。

正确展示方式：我们这款旗袍不仅有 M 号，适合身体较小的女生，还有 L 号和 XL 号，适合大部分的女生，并且有多种花色，比如我现在手中拿的这款紫罗兰的花色。

④穿搭建议

错误展示方式：主播双手拎起衣服在身上比划（动作）。

正确展示方式：主播换上衣服，并且展示搭配衣服后的各种效果（一边动作一边解说效果）。

⑤商品价格

错误展示方式：这款旗袍目前售价是 299 元。

正确展示方式：这款旗袍专柜价是 1199 元，（展示专柜价及线下售卖价）在我们的直播间里不卖 599 也不卖 499，而是 299 元，并且还会附赠宝宝们一块丝巾，就是我拿在手里的这种。

⑥发货

错误展示方式：下单后会按时发货。

正确展示方式：下单后保证最晚 24 小时内可发货，并且还包邮，我们出运费险。

应情应景的产品容易成交，利用好现有的环境呈现出产品的亮点。例如，夏天直播间最好卖的是解暑清凉类的产品，而不是保暖类的产品。

介绍产品的同时，最好能够加上产品的使用动作，例如主播介绍美妆护肤产品材质的时候，把产品涂抹在自己身上，并且能够细致地描述出护肤品在肌肤上面的感觉，这比单纯地介绍护肤品的用料更具有说服力。

产品介绍话术的用词尽量贴近生活，表达准确，让用户听得轻松易懂。

产品介绍话术的一般步骤是：

1）介绍产品的卖点、材质及在什么样的情景最适用；

2）演示产品的使用方法及体验感受；

3）展示产品原有的价格（专柜价格、商超价格等）；

4）在本直播间的价格；

5）该产品的组品（赠品 / 优惠 / 关联产品优惠等）；

6）限时 / 限量抢购。

新手主播可通过以准备单品的话术锻炼自己，例如，以 10 分钟介绍防晒霜的话术流程：

时间安排	内容大纲	关键内容
0~2 分钟	需求情况 + 产品卖点	夏天出门担心皮肤被晒黑了怎么办？是不是想涂抹防晒霜又担心对皮肤造成损伤？没关系，这里有一款纯天然主要成分的防晒霜……
2~6 分钟	产品使用方法及体验	宝宝们请看，我现在把防晒霜涂抹在胳膊上，它给我的感觉是凉凉的，滑滑的，而且闻起来还有点儿清香的味道，你看，现在已经涂匀了，接下来，我们再用紫外线做一个实验……
6~8 分钟	展示原有价格，在本直播间的价格及组品	宝宝们可以看到，这个 XX 品牌的专柜价是 XX 元，这些都是实际售卖的价格，可以通过 XX 查询到，但是在我的直播间不是 XX 元，不是打 9 折，而是打 X 折，并且送给你 XX 赠品，不仅如此，你现在下单，还可以再送你 XX（产品），你以为送一个 XX（产品）够了吗？当然不够！是三个，也就是说你现在下单不仅可以得到 XX 赠品，另外还送给 XX（产品）三个，实实在在地买一送四……
8~10 分钟	限时/限量抢购	宝宝们，最后 2 分钟了，想要的就快点抢购，这产品仅限 XX 件，抢到就是赚到，好，恭喜 XX（用户昵称）抢到啦，稍晚些时候就给您发货，还有 XX（用户昵称）抢到啦，我看看目前还有 XX 件……

另外，设计产品话术有几个问题，如果能够找到这些问题的清晰回答，可大概率提升直播间的成交率，这些问题是：

1）你描述的语气、姿态、动作等表现的方式能够让用户能够听完你的介绍吗？

2）听后用户会觉得你的直播间有趣吗？

3）这个场景下推荐的产品是必需的吗？

4）与同类产品相比，该产品是最好的选择吗？

5）有什么替代的产品？为什么替代的产品不如主推的产品好？

6）用户听完你的介绍后会下单吗？

最后，对于产品的需求场景可以多多准备案例，但不能脱离事实夸大其词，尤其是保健类产品，过度强调商品的治疗功效，极容易被禁播。

4. 粉丝互动促单话术

粉丝互动话术是指在直播过程中，主播通过动作及语言让观众与其交换信息而产生相互依赖行为的方法。

想要让观众继续停留在直播间,就需要有一个必定会让观众回复的信息,这个信息可以是问答、猜谜,也可以是鼓励用户下单抽取免单名额、送额外赠品,还可以是限时限量秒杀、送红包等活动。

另外,在这个互动环节也可以进行促单,促单是指促进在直播间下了单但未付款的用户支付的过程。许多直播间的用户经常会犹豫不决,这种时候主播一定要沉住气,利用一些小技巧来激活粉丝的购买欲望。

1)限量,例如:"这款商品仅在直播间有优惠哟,并且数量有限,如果看中了一定要及时下单,手快慢无,不然等会儿就抢不到啦!"

2)折扣,例如:"这次货品的折扣仅限在本次直播间哟,主播下播后就恢复原价啦!所以抢到还没付款的朋友一定要动作快点啦!以后都不一定再有这个折扣啦!想要的朋友们抓紧时间!"

3)限时秒杀,例如:"还有最后三分钟,没有购买的宝宝们赶紧下单啦!"

5. 小结预告话术

直播到了尾声,就需要主播开始进行小结和对下场直播的预告。

小结的话术一定要有感谢的话术,例如"感谢各位亲们或宝宝们的支持,在本次直播中,感谢XX(活跃粉丝)给我们提供的建议,感谢XX(活跃粉丝)的幽默……另外,感谢一开始就在直播的小伙伴们,就不一一点名了,感谢你们的陪伴,你们的爱意我收到了。"不论粉丝在不在,都需要进行感谢,目的是让其他观众意识到主播一直在关注你,只要你互动就有回应。

下场直播预告的话术就比较简单了,预告一下下次开播的时间及主题。另外,有才艺的主播也可以用唱歌或者跳舞等其他才艺结束直播。

设计的脚本话术在开场预热的环节需要具备号召力,在话题引入的环节需要具备想象力,在产品介绍环节需要具备感受力,在粉丝互动环节需要具备煽动力。

这四力可帮助主播大幅度提升直播间的成交,话术的根本目的是销售,优秀的话术设计能力也是一名优秀的主播必备的能力。

任务三　直播预热策划

直播预热是指在正式开播之前进行宣传的行为，目的是增加直播时的人气。直播预热共有 5 个流程：(见图 6-3-1)

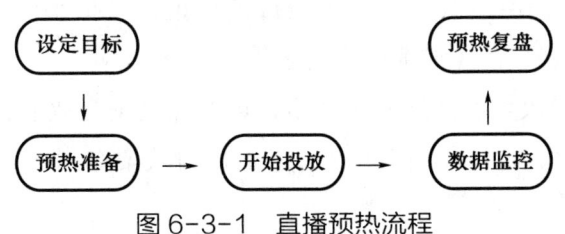

图 6-3-1　直播预热流程

1. 设定目标

预热策划与直播策划一样，都需要设定预热要达成的目标，目标可分为开发新用户、激活老用户、保持现有用户三种。

1）开发新用户，是指在预热宣传中侧重引导新用户进入直播，例如宣传语"新用户专享，限时特价"。

2）激活老用户，是指在预热宣传中侧重老用户回归直播，例如宣传语"XX（主播名称）喊你回家，老用户专享，买一送一"。

3）保持现有用户，是指在预热宣传中侧重维持现有用户的数量，例如宣传语"XX（主播名称）优惠专场，就在 X 日 20 点，我们不见不散。"

通常预热活动设定的目标不宜过于分散，确定 1~2 个最好，正常预热活动围绕主播的主题进行宣传。

2. 预热准备

预热活动有以下五项工作：

1）做好调研，包括用户需求调研和竞品调研，以此修正自身的预热方案。

2）选择时间点，即根据直播主题选择投放的时间点，例如美食类适合在饭点前投放，美妆类适合在晚上 8 点之后投放。

3）蹭热点，即查看近期是否可以关联的热点或者节日，例如"七夕""国庆"或者排行榜上排名靠前的热点等。

4）准备素材，即把预热的主题、直播时间等做成海报、图片，还可以准备好预热的短视频，例如：

①通知：通过真人出镜的方式预告；

②福利：通过预告直播间福利的方式预告；

③单图：将预告做成单张或多种图文的短视频；

④精彩展现：将上一次场直播间的有趣环节截取下来，引导预约直播。

5）选择投放渠道，即选择预备投放的渠道，包括平台内的和平台外的，例如朋友圈、公众号等。（详细内容可参见下一章）

注意，选择投放渠道前最好做调研，可参照同类企业或者竞品对手，注重付费推广的产出比，选择与自身特点相符合的投放渠道。

3. 开始投放

把制作好的视频、海报、文案通过各种渠道宣传出去，并在直播平台设置好【预告直播时间】。（见图 6-3-2）

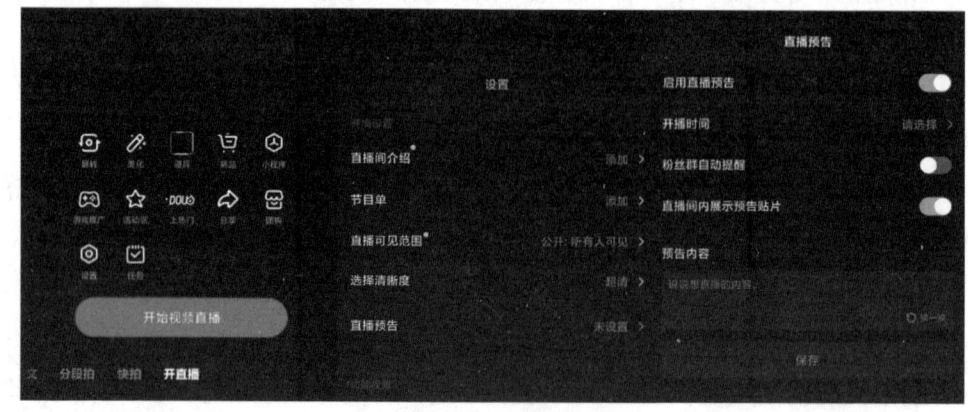

图 6-3-2　直播预热设置

4. 数据监控

投放完成后一定要及时跟进数据，遇到问题及时修正。比如，本次预热的目标是开发新用户，但预约的数量一直达不到预期目标，这时候就需要查询原因，是投放渠道的时间不对还是未能按时投放？是推送的主题需要改进还是需要更换推送的内容？找到原因修正后继续投放，数据监控直到正式开播为止。

5. 预热复盘

预热活动结束后，可等待直播完成一起进行复盘，统计出哪个时间段、哪个渠道的产出比最好，哪种形式的视频或图文触达的用户最多？

做完复盘后就可以为下一次的预热活动进行迭代了。

直播预热不仅是简单的宣传预告，开播前进行的预热工作，可以聚集人气，更好地完成销售目标。

项目七

直播电商带货实操

任务一 直播常用工具介绍

直播常用工具分为软件和硬件两部分。

一、直播常用软件

直播的各大平台除了手机端的直播软件,同时还开发了独立的推流软件(指直播流媒体内容制作的软件),方便主播在手机端和电脑端都可以进行直播。以下是目前较为常用的推流工具。

1.抖音直播推流工具:直播伴侣

下载路径,打开抖音APP,点开底部的【+】,选择【电脑端】,即可看到下载网址。(见图7-1-1)

使用要求:粉丝≥1000

图 7-1-1 抖音直播伴侣下载路径

2. 快手直播推流工具：快手直播伴侣，下载网址：https://live.kuaishou.com/live-partner。

3. 微信视频号的推流工具：视频号直播，该工具集成在电脑端，安装后即可使用，可在电脑端进行直播。下载网址：https://wx.qq.com/。

4. 淘宝直播推流工具是淘宝直播，下载网址：https://market.m.taobao.com/app/mtb/live-portal/download/index.html。

另外，京东、拼多多等电商平台都有各自的推流工具，也可采用第三方推流工具。另有虎牙、斗鱼等主打游戏和娱乐直播的平台，新手主播或团队可以根据自身特点自行选择赛道。

时代在发展，各类软件也在不断地进步，新手主播最好选择用户基数大、技术水平成熟的软件，这样不仅减少开播的操作，还能够让更多的用户看到你。

二、直播常用硬件工具

软件能够让主播对接网络，硬件则直接影响用户的体验。新手主播在采购设备时，应遵循最小必要原则，在财力、物力允许的情况下采购直播设备，切勿为了追求效果盲目投资。

下面介绍直播间常用的硬件工具：

1. 画面采集设备

目前，主播常用的画面输入设备是手机，并且目前主流手机均配备前后两个摄像头。具体步骤：打开相机，找到设置，即可看到对应的参数，这些参数应满足以下最小必要条件：

① FPS 不低于 30，FPS，即 Frames Per Second，指画面每秒传输帧数，通俗来讲就是指动画或视频的画面数。

FPS 是测量用于保存、显示动态视频的信息数量。每秒钟帧数越多，所显示的动作就会越流畅。通常，要避免动作不流畅的最低是 30。

② 分辨率至少达到 1080P，1080P 即全高清，分辨率 1920×1080P，表示视频的水平方向有 1920 个像素，垂直方向有 1080 个像素。对于大多数的视频显示设备来说，1080P 让视频在设备上看起来比较清晰。

也有人说 720P 就够了，这里的 720P 是指 1280×720 的分辨率，又称"高清"分辨率，表示的是视频的水平方向有 1280 个像素，垂直方向有 720 个像素，一般用于视频网站的视频播放。720P 是高清的最低标准，也被称为标准高清。但是目前 720P 已经不能满足电商类消费者的视觉体验，所以最好还是能够达到 1080P 分辨率的摄像头。

③录制视频的时候要求流畅不卡顿，卡顿会直接影响到观众的体验。

以上是关于手机摄像头的最小必要条件，有条件的可以购买前后双摄像头都满足上述要求的手机，直播的时候方便切换。

后续的直播如用到电脑+摄像头的方式来采集画面，这就需要给电脑单独配置一个摄像头，比如罗技系列的摄像头（见图 7-1-2），有些摄像头本身还配备自动聚焦、内置麦克风等功能，选购的时候满足直播的最小要求即可。

图 7-1-2　罗技 C920

一般笔记本电脑的前置摄像头均在 30 万像素左右，拍摄出的画面较为模糊，使用笔记本电脑进行直播时最好单独配置摄像头。

2. 声音录入设备

声音录入设备通常包括麦克风、声卡、麦克风支架、防喷罩。

①麦克风

一般手机或者摄像头会内置麦克风，但收音的效果一般，直播的时候会产生杂音，影响直播效果。

有些主播如果动作不大，也可以采用带麦克风的耳机，可根据自身情况选择有线或无线带麦克风的耳机。

不过有些直播场景不仅需要远离展示的产品，还需要有各种大幅度动作，带麦克风的耳机无法满足这些要求。例如，服装类的主播，在展示衣服穿搭的时候，必定会远离手机，假如主播没有配备独立的麦克风，说话的声音就会变小，当主播再靠近解说的时候，观众听到的声音就是忽高忽低，非常影响观看体验。

这时候可以考虑配备独立声卡＋独立麦克风的模式。目前独立麦克风有动圈麦克风和电容麦克风两种。

电容麦克风主要通过声波引起金属薄膜振动产生不同电容来产生声音信号。电容麦克风主要有两种，一种是通过5号电池供电，另一种是通过48伏幻象电源供电，后者主要用于播音室和录音棚需要配合固定架子使用。电容麦克风的特点是：清晰度和灵敏度高，音质饱满浑厚不浑浊，缺点是灵敏度太高，不适合高噪声场所。

动圈麦克风主要是通过与振膜紧密相连的导线线圈根据声压变化在磁场中不断运动产生声音信号，无须电源供电。动圈麦克风的特点是简便，噪声小，音质特点是浑厚、饱满、抗噪性强，但也存在着音量小、人声闷，清晰度、灵敏度不够好等缺点。

②声卡

声卡是将麦克风和电脑或手机连接起来的设备。现在许多声卡都会自带音效，例如鼓掌声、叫好声等，合理地使用这些音效可以活跃直播间的气氛，和粉丝更好地互动。

③麦克风支架（见图7-1-3）

在直播过程中，有些场景需要灵活地展示产品，为了确保效果，可采用麦克风支架。例如，在售卖女装的直播间，主播需要远离摄像头，演示穿搭效果，旁边的副主播则可以继续介绍产品，与主播相互配合，呈现产品的展示效果。

图 7-1-3　麦克风及支架

④防喷罩（见图7-1-4）

在使用麦克风说话时，有些环节例如抽奖，主播语速会比较快，这就容易将气流喷到麦克风上，引起爆音，使用防喷罩可以有效地避免此类问题。

主播可根据自身预算及实际使用情况进行选择。

图 7-1-4　防喷罩

3.画面稳定及补光设备（见图7-1-5）

画面稳定设备常用的有手机支架和手机拉杆，分别用于室内直播和室外直播，作用是保持直播画面的稳定。

补光设备最常用的是环形补光灯，可以让直播的画面看起来更清晰，让主播的面部看起来更柔和，环形补光灯一般都自带手机支架，可以满足补光与稳定的需求。

选购环形灯时应考虑功率和色温两个因素，一般来说亮度越大，功率越高。目前市面上的环形灯大都是双色温，可以满足目前直播需要的冷色调、暖色调等场景。

图 7-1-5　补光灯与支架

4. 辅助设备

在直播过程中，主播会讲到改价格、上链接等，如果直接在直播的手机上操作，画面的震动会影响观众的体验，如果弹幕较多，主播回复不及时也会影响观众体验，这时候可采用助理手机或者电脑实现这些功能。手机和电脑的配置能保证直播的流畅度即可，无须追求过高的性能。

主播也可以配备提词器，把直播想要说的话提前整理成文字稿，在直播的时候可以协助主播理顺思路。

任务二　直播营销带货流程和技巧

直播营销是指通过主播在直播间的表演（话术、动作）引发观众的需求共鸣，让观众了解产品进而购买产品的过程，其带货流程分为两部分：前置检查和直播带货。

1. 前置检查

前置检查即直播前对设备、软件进行检查，以保证直播顺利进行。

1）画面采集设备的检查

画面采集是直播过程中最重要的输入设备，不论是采用手机直播还是电脑+摄像头的方式直播，都需要保证画面清晰、稳定、不卡顿。

2）网络检查

用户观看直播时，卡顿最容易影响用户体验。卡顿除了画面采集设备的原因外，网络不好也会造成画面卡顿。

直播时最好使用独立网线，并且网络的上行速度至少10MB（上行速度是指从客户的电脑或手机端向网络发送信息的速度）。

3）画面稳定性检查

一般室内直播的时候，需要画面处于稳定的状态，开播前要检查手机或者摄像头的支架是否稳定牢固，高度的升降是否流畅等，避免直播时出现画面抖动的情况。

4）备用电源的检查

手机的储存电量会随着使用时间的增加而减少，而一般直播的时间长达120分钟，为了避免出现因电量不足导致直播的中断，最好采用直供电源或者充电宝，保证直播顺畅。

5）附加设备测试检查

①补光灯，检查亮度、色温是否正常使用。

②麦克风和声卡，检查说话声音是否正常，特效声音是否正常，设备是否稳定。

③助理手机，在开播前也需要检查一下助理手机开机是否正常，连接网络是否正常，打字是否正常。

6）检查直播用的软件是否升级到了最新版，一般新版会增加一些小的道具，主播可提前熟悉，以便在直播过程中更好地使用。

7）场地检查

直播前需要检查一下场地是否足够宽阔，开播后主播如有动作（比如换衣服等）是否有足够的施展空间，工作人员的工作区域是否就近，货品准备区是否已经准备好了充足的货品等。

8）产品的检查

准备开启直播前，检查售卖的商品是否已上架。

如果采用的是分享商品的方式，则需要提前设置好产品的短标题及商品分类。注意，即便是短标题，也不能出现夸大或者误导性的词语，比如国家级、最好、最大、第一等词语，这是不能出现的。

9）直播主题、封面图的检查

直播用的封面图是否准备完成，主播是否明确，是否是本次直播的主题。注意，在这些标题和封面上一定不要出现促销信息，例如满减、秒杀等。

10）人员及用品检查

如果是一人团队，检查直播用品是否准备齐全，例如货品、主播的水杯等。

如果是多人团队，除了检查以上用品，还需要检查各个岗位的人员是否就位，人员状态如何，是否需要替换人员等。

以上就是直播前需要准备和检查的一些工作，可根据自己的情况来制定相应的检查流程，直播前要多检查才能避免直播时发生意外。

2. 直播带货

以抖音为例，打开抖音APP，点击【+】，进入直播页面，在正式开播前，还需要设置：

①添加商品橱窗，即把自己店铺的商品添加到商品橱窗中。

如果是采用分享商品的主播，需要将提前复制好的商品链接，添加商品的封面和标题。

②设置优惠券，根据本次直播的活动，设置好相应的优惠券，目前大多数平台是只有开店的用户才可以设置，没有在平台开店的用户是无法设置优惠券的。

以上设置完成后就可以按照脚本正式开播。

1）开场预热

开播后，先跟粉丝打个招呼，对于进入直播间的观众一定要及时念出对方昵称，表示欢迎对方的到来。然后是主播的自我介绍及说明本次直播的主题和产品。

例如，欢迎XX（用户昵称）进入直播间，这个名字好有意思，一看就是别有韵味（吸引注意），主播人美才艺多，希望在接下来的直播让你开心，请多多支持哦！一会儿我们要讲讲关于XX（直播话题）和XX（介绍产品的品类，例如裙子、裤子、外套等），你也来和我一起互动吧（激发同理心）。

2）话题引入

接下来是话题引入环节，可以从当下的热点话题开始切入，互动可以是搞笑段子，也可以红包和优惠券，例如，主播会在几点发优惠券或者红包，请在直播间的观众们一定记得来抢。

3）产品介绍

到了这个环节就开始正式介绍产品，按照我们写好的脚本走流程就可以了。

介绍的时候一定操作直播间的"讲解"，这样观众才可以在直播界面看到弹出的商品，此步骤很重要，不然观众不知道主播介绍的是什么产品。

SKU少的，建议采用循环型的脚本，SKU多的，可采用过款型的脚本。新手主播在前期使用循环型流程比较合适，适合积累经验，等熟悉了流程再向过款型的流程过渡。另外循环型脚本更适合憋单。（见任务四 打造直播间爆款商品）

直播产品的重点在于对于观众的需求进行引导和商品体验，产品的简介及品牌根据情况可以适当弱化，最后再突出产品的卖点。虽然主播有产品介绍的话术，但主播不要被话术限制住，观众的互动会给你很多灵感，主播要懂得利用这些灵感深挖需求，加强观众对产品的了解，从而促进成交。

4）粉丝互动与促单

互动的环节不仅能够吸引用户的关注，还是一个促单的好时机。主播可以适当地制造紧迫感，督促有意向或犹豫不决的用户及时下单付款。

在这个环节，主播需要着重磨炼自己话术中的煽动力，更好地完成销售目标。

5）小结预告

到了小结预告环节，主播除了要进行产品的复盘外，还需要真心实意地感谢观众，尤其是对下单和打赏的用户。观众是可以感受到主播的情绪，并且观众更喜欢真情实意的主播，这也是为什么有的主播售卖的产品不一定便宜，但依然会有很多铁杆粉丝的原因。

3. 常见问题

直播过程看起来简单，但是也会遇到一些意外，这里总结了一些常见问题：

1）观众的提问主播不方便回答怎么办？

遇到不方便回答的问题，主播可以回复说这个问题是主播的个人秘密，不方便公开，切记不要被带偏方向。

2）观众弹幕刷屏，比如"怎么不搭理我，一直不回答我的问题？"

遇到这种情况主播可以说："弹幕的信息太多，没有看清楚，可以反馈给客服或者私信哦！一定帮您把问题处理了！"主播一定要及时安抚观众的情绪，保证直播的顺利进行。

3）遇到不礼貌的粉丝怎么办？

主播不仅需要专业的技能知识，还需要具备强大的心态和控场能力，有时候一些不礼貌的提问并不是观众真的不礼貌，而是表达的方式不对而已，主播切勿因主观臆想而出言不逊。

另外，主播在开播的时候需要时刻注意自身形象，不要在直播间谩骂、侮辱观众，避免激化矛盾。不堪的言辞和举止不仅会让观众退却，也会让粉丝失望，更有可能被封禁。

如果确定对方是在无理取闹，主播可以安排相关的运营人员处理一下。

4. 注意事项

在直播中，还有以下几个注意事项：

1）切勿随意中断、下播

电商直播展现给观众的是长期、稳定的印象，在固定的时间内完成直播既是对观众负责，也是对自己负责。培养粉丝的观看习惯，可以更好地建立个人

品牌。

2）切勿只与某个或者几个粉丝交流

主播在直播过程中常犯的错误就是与熟悉的粉丝交流占用了太多时间，主播应对所有观众一视同仁，一起交流互动。观众进一步就是粉丝，粉丝进一步就是自己的用户，直播间的所有观众都是自己的潜在用户。主播如果只与几个熟悉的账号交流，容易给其他观众造成被忽视的感觉，不利于粉丝转化和下单。

主播应尽量照顾到每个粉丝的情绪，回答他们的疑问，这样才能提高观众的转粉率。

3）禁止对地域、种族、工种歧视或者其他的负面评价

对于主播而言，任何程度、任何领域（如地域、种族、工种等）的歧视行为都必须杜绝。作为主播，任何言论都有可能被放大传播，甚至变成网暴事件，牵连一些无关人员。歧视性和负面言论不仅不符合社会公德，还会对年龄较小的粉丝造成不良引导，甚至造成严重的后果。

4）禁止站外导流

直播的时候不能漏出二维码，这个是指所有平台的，只要有交互就会被认为站外导流，这是不允许的，另外像是其他平台的链接等非本平台的都属于违规操作，如果说我今天的库存没有了，主播不可以说去其他平台购买等话语，有被禁播的可能。

5）避免涉政

在各个平台的直播条例中都有明确的规定，禁止在直播间谈论政治及国家领导人等话题，一旦提及不仅会直接禁播，还有可能会封号。

以上是新手容易犯的错误，更多的可熟读平台的规则，避免踩坑。其他意外情况需要主播随机应变，如遇到断电、断网、直播设备突发状况等不可抗拒因素，主播需要及时恢复直播，如条件不允许，也一定要在主页上说明原因以及下次开播的时间。

任务三　打造直播间爆款人气

爆款是指在短时间里销售量很高的产品（产品可以是实物，可以是虚拟物品，还可以是服务）。

打造直播间爆款人气是指短时间里让直播间的在线观看人数迅速增加的方法，可分为直播前和直播中两部分。

1. 直播前

1）选择直播的黄金时间

虽然一天24小时都可以随时直播，但晚上直播明显要好于白天直播。

早上8：00—11：00，大多数人都在上班或者上课，观看直播的人比较少，下午13：00—17：00观看的人会多一些，而晚上18：00—23：00是一般直播的黄金时间。

需要根据品类来选择直播的时间，例如母婴类产品适合白天（宝妈一般白天空闲较多），学习资料类产品适合下午和晚上（学生一般下午和晚上空闲较多），服装、美食等适合晚上直播。

选择直播时间前需要对产品的用户做一个调研，根据用户选择好的时间直播可以事半功倍。

2）发布预热视频

提前发布预告直播的短视频，在短视频里的内容、标题以及评论中加入直播的时间和主题。

3）个人主页预告

在个人主页和昵称后面添加直播的预告及主题。

4）利用站外流量

可以通过主播平台之外的社交软件发布直播预告，例如微博、微信、公众号等。

2. 直播中

1）付费推广

例如抖音的 DOU+，可以付费推送直播相关的短视频，也可以付费推送直播间。

2）直播花絮

以第三视角拍一些直播花絮、正在直播的短视频，通过直播账号发布，也可以起到导流的作用。

3）参与官方活动

参与官方主推的活动，例如冲榜、话题等。

4）直播互动活动

在直播内的互动也可以提升人气，比如说善用流行语"宝宝们""买它""真香"等，主播可以多用这样的词语，拉近与观众的距离。

5）弹幕互动

多用弹幕互动，例如"遇到同样问题的小伙伴们扣 1""有同样困惑的朋友们扣 6"，像这样互动起来之后，直播的人气也会提升。

6）打榜分享

多多引导大家领券、下单，例如"喜欢这款产品的宝宝们可以点击购物车！"

如果有人给主播送礼物，也一定要表示感谢，能够送礼物的人都是喜欢主播的，主播可以尝试转化一下，例如"感谢 XX（昵称）打赏的礼物，也可以点击购物车看看有没有喜欢的用得上的产品。"

另外还有公域流量，例如同城、推荐等，这些流量是基于算法，只有直播间的优质内容才会被算法推荐。

任务四　打造直播间爆款商品

直播间可能因为某种原因吸引了大量的观众进入，比如算法推荐、付费流量等，但有人气不一定有大量的订单，如果进入直播间的不是目标用户，再多的人也卖不了多少东西。

打造爆款商品同样分为直播前和直播中两部分。

1. 直播前

1）背景布置

包含直播间的场地、背景、灯光和声音等，背景要和介绍的产品应情应景，方便主播展示。

如果是室外直播，则尽量选择光线明亮的场地，夜晚室外直播则需要准备好各种灯光，保证直播画面清晰唯美。

2）货品

主播在直播前一定要仔细检验，保证货品完好、功能正常，让直播体验的操作舒畅，令观众信服，如果直播的时候出现功能异常、无法使用等问题，在高人气的情况下，直播间就会变成大型"翻车"现场，不利于直播后续进行。

2. 直播中

电商直播的目的是完成销售目标，所以就需要主播利用好人气。

1）憋单

"憋单"是指通过运营手段，把在线人数拉高，主播鼓励粉丝不断地进行扣屏互动，到临界点那一刻迅速上架产品，形成大量的订单的过程。

直播的"憋单"，能帮助直播间留住更多的人气和流量，还能让直播间销售额冲高。一旦放出"憋单福利"，这个产品就很容易卖出去。

这个方法在很多大型商超门店都有采用，比如早上开门半小时内限时特价，就可以看到超市营业前就已经排了很多的人，开门的一瞬间，大量人群涌入

抢购。

同样的方式也可以用在直播间，而且也更适合循环型的脚本流程，每过半小时循环一次。

例如宠粉款，限量100单，抢完了就需要等半小时后才可以抢购。

憋单的方法适用于有一定人气的时候，如果在人数较少的时候采用则会适得其反。

2）用好限量和秒杀活动

保证公平性，承诺及时兑现。

3）善用问题

当观众提出问题时，主播需要及时回复，并且能够随机应变，把问题和异议转化成需求场景，促进用户下单。

4）带好节奏

主播需要在直播过程中展现旺盛的精力，尤其是带货主播，如果用户看到主播有疲劳感，没有感受到激情就不会下单。

主播的节奏越快，越容易带起直播间的气氛，语速很快，声音也很洪亮，就容易带起直播间的节奏，粉丝们也会配合着节奏下单。

项目八

直播电商内容推广

任务一　投放推广工具介绍

投放推广通常是指线上的付费推广，各个直播平台都有自己的站内投放推广工具。

1. 抖音站内推广工具

1）小店随心推

路径：进入抖音APP，找到底部【我】的界面，点击右上角【≡】，选择【创作者服务中心】，选择【全部分类】，点击底部的【小店随心推】（见图8-1-1）

图 8-1-1　小店随心推投放路径

推送内容：

①选择推广的短视频中带有小店商品的购物车；

②选择推广的直播间带有购物车组件。

使用要求：企业认证、个人资质开通电商橱窗权限的达人，推送的作品需带有商品橱窗的短视频或购物车的直播间。

推送方向:商品购买、点赞评论、粉丝提升。

2) DOU+

路径:进入抖音 APP,找到底部【我】的界面,点击右上角【≡】,选择【创作者服务中心】,选择【上热门】(见图 8-1-2)

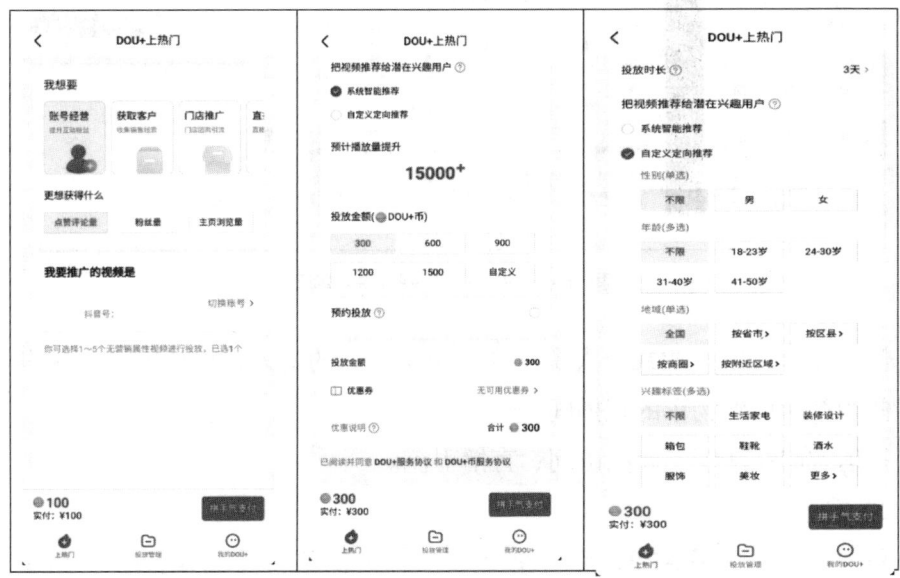

图 8-1-2　DOU+ 投放路径

使用要求：个人或商家实名认证，90 天以内的视频，98/100 元起投（苹果/安卓）。

推送方向：账号经营（点赞评论量、粉丝量、主页浏览量）、获取客户（收集销售线索）、门店推广（门店团购引流）、直播间引流。

默认采用智能推送，可切换为自定义定向推送。

备注：小店随心推支持带有商品橱窗的短视频或购物车的直播间，Dou+不支持。

2. 快手

1）小店通

路径：进入快手 APP，点击左上角的【≡】，选择【快手小店】，在【常用应用】界面选择【查看更多】，顶部菜单向左滑动到【商家成长】，点击进入【小店通】。（见图 8-1-3）

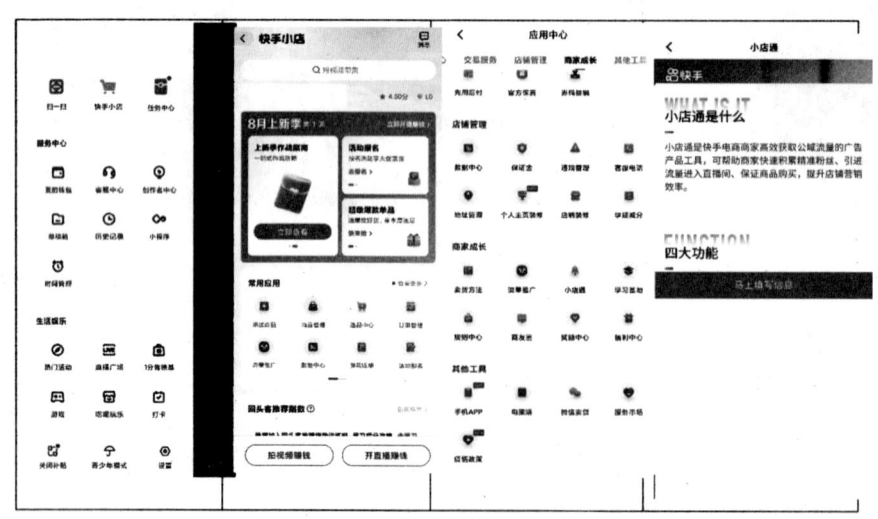

图 8-1-3　小店通投放路径

使用要求：以企业或个人资质开通快手小店的达人，推送的作品带有商品橱窗的短视频或购物车的直播间。

推送方向：涨粉、商品访问、直播引流。

2）粉条

路径：进入快手 APP，点击左上角的【≡】，选择【创作者中心】-【全部服务】，顶部菜单向底部即可看到【作品推广】。（见图 8-1-4）

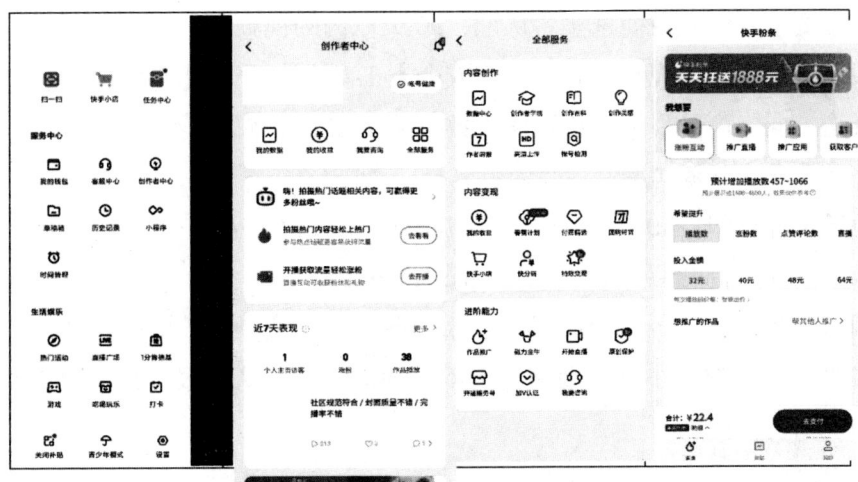

图 8-1-4 粉条投放路径

使用要求：个人或商家实名认证，90 天以内的视频，32 元起投。

推送方向：涨粉互动（播放数、涨粉数、点赞评论数、直播预约点击数、直播预约成功数）、推广直播（直播观看、粉丝数）、推广应用、获取客户、推广门店、粉丝经营、智能推广。

备注：小店通支持带有商品橱窗的短视频或购物车的直播间，粉条不支持。

3. 微信视频号加热

路径：进入微信 APP，找到底部的【发现】，选择【视频号】，点击右上角的【头像】，底部的【创作者中心】点击进入【加热】，发起推广即可。（见图 8-1-5）

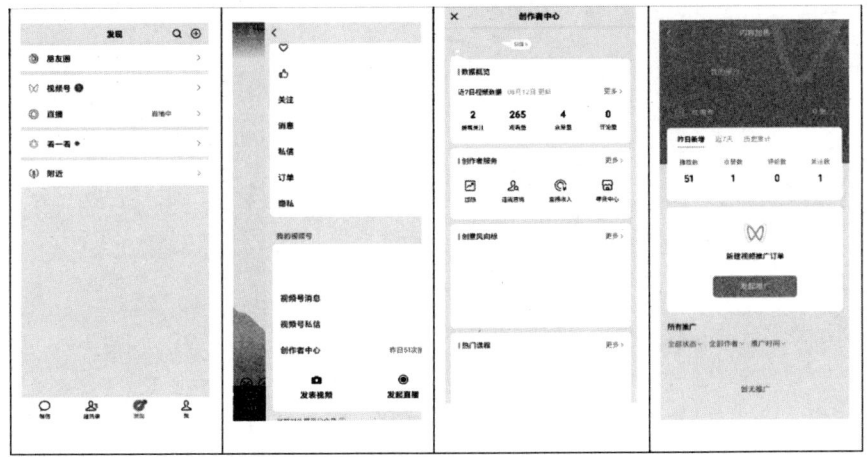

图 8-1-5 视频号加热投放路径

使用要求：个人或商家实名认证，90天以内的视频。

投放带有商品的视频需要以企业或个人工商户资质开通视频号小店。

推送方向：商品引流、点赞评论数、关注数、完播数。

4. 其他平台投放工具

巨量千川官网：https://qianchuan.jinritemai.com/site/

百度推广（百度营销）官网：https://e.baidu.com/

因篇幅有限就不一一介绍了，使用这些平台需要具备一定的专业能力和知识，各平台需要的最小推广金额也各不相同，主播团队可根据行业要求及自身实际情况自行选择。

任务二 如何进行内容推广

关于电商直播里的内容推广，并不是我们简单地花钱和花时间把做的视频或者海报等发出去就结束，而是要用一个系统化的方式来展示给我们的用户。

内容推广是指利用多种传递信息手段，把推广的对象美化和优化，并且持续地通过各种渠道传递给用户的过程。

内容推广有四个要素：信息、美化和优化、持续、渠道。

1. 信息

目前传递信息的手段有文字、图片和视频。例如通过微博、微信朋友圈、微淘等渠道发布的可以是顺口溜、感悟、段子，还可以是官格图和海报。

通过微信公众号、小红书、头条号等渠道发布的可以是专业分析、种草、游记等文字加配图的组合。

抖音、快手、微信视频号、B站、微淘、拼多多等渠道发布的可以是短视频、长视频、图文视频以及直播。

通过各种动态、静态的信息手段组合，可以让推广的产品或人物立体化，给用户传递更多更丰富的信息。

2. 美化和优化

美化，是指对目标加以装饰或点缀，使其显得美观或美好。优化，是指对目标采取一定措施使其变得优异。

美化和优化的不同之处在于，优化注重的是效率，美化注重的是美感。

一个好的内容需要不断地美化和优化，例如：在直播的过程中，直播间的背景搭配、灯光的色调和柔和度、主播的妆容、服装的搭配、主播的表情、语气、话术等这些是否与产品相匹配？还有产品的组合搭配，价格、亮点的说辞等是否清晰？

拍摄短视频的过程中，剧中人物的表现是否真诚？表情是否生动？是否能够引起观众的好奇心与思考？是否能够给用户舒适的感觉？是否能匹配用户的需求？传递的内容是否简单明了？是否能引发用户的评论与互动？

海报与宣传图的设计，画面表达的意思是否简练？优惠信息及主播开播时间是否表达准确？整体画面是否具备美观让人喜爱？

以上这些都是可以优化和美化的，不仅可以增加粉丝的喜爱，还能够带来更多的粉丝关注。

3. 持续

电商直播不仅要把内容做好，还需要持续不断地输出内容。

4. 渠道

随着互联网的发展，传播的渠道会越来越多，这些渠道有免费的，也有收费的。选择多渠道的目的很明确，展现给更多的人，每个渠道都有自己的特色，调整好自己，善于接受新鲜事物才能走得更远。

任务三　内容营销工具介绍

内容营销是一个总称，包括所有的营销方式，涉及建立或共享的内容，目的是接触影响现有的和潜在的消费者。内容营销以改变顾客的购买行为和销售培养为目的，是由企业向目标顾客传递相关有价值的信息的营销活动。

1. 大数据

参照直播的大数据平台，获取更多粉丝维度的画像和其他主播数据。这样的大数据平台有：

飞瓜数据，可查看抖音、快手、B 站，官网：https://www.feigua.cn/；

新抖数据，可查看抖音、快手、小红书、视频号、公众号、西瓜视频、B 站等，官网：https://www.newrank.cn/；

巨量星图，可查看抖音、今日头条、火山视频，官网：https://www.xingtu.cn/。

2. 图文

图文平台更适合没有时间看直播、时间碎片化的用户。

微信公众号，官网：https://mp.weixin.qq.com/；

头条号，官网：https://mp.toutiao.com/；

小红书，官网：https://www.xiaohongshu.com/；

微博，官网：https://weibo.com/。

3. 视频

除了在项目七　直播电商带货实操介绍过的六个短视频平台，还有目前用户数量较大的喜欢偏内容型的平台：

B 站，官网：https://www.bilibili.com/；

西瓜视频，官网：https://www.ixigua.com/。

4. 社群

社群可以沉淀粉丝，起到很好的转化作用。

淘宝、抖音、快手等平台都可以搭建社群，主播可以引导入群。

淘宝主播建群路径:【消息】- 右上角【创建粉丝群】（见图 8-3-1）

图 8-3-1　淘宝主播建群路径

抖音建群路径:【消息】- 左上角【+】【面对面建群】（见图 8-3-2）

图 8-3-2　抖音建群路径

快手建群路径：【消息】- 右上角【+】-【创建群聊】（见图 8-3-3）

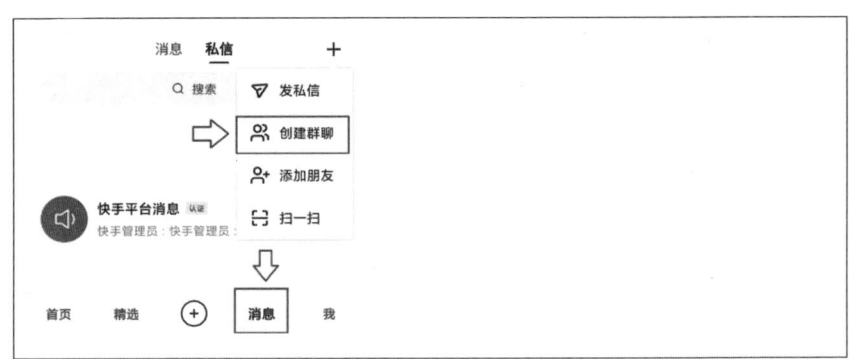

图 8-3-3　快手建群路径

还有微博、微淘、微信公众号等方式引导用户关注，添加微信朋友圈等方式。

项目九

直播数据分析和复盘

任务一　直播数据梳理与诊断

1. 移动端数据

抖音 APP 的数据查询路径：【我的】—【创作者服务中心】—【主播中心】，就可以看到直播数据总览，点击【数据中心】可看到更多的详细数据。（见图 9-1-1）

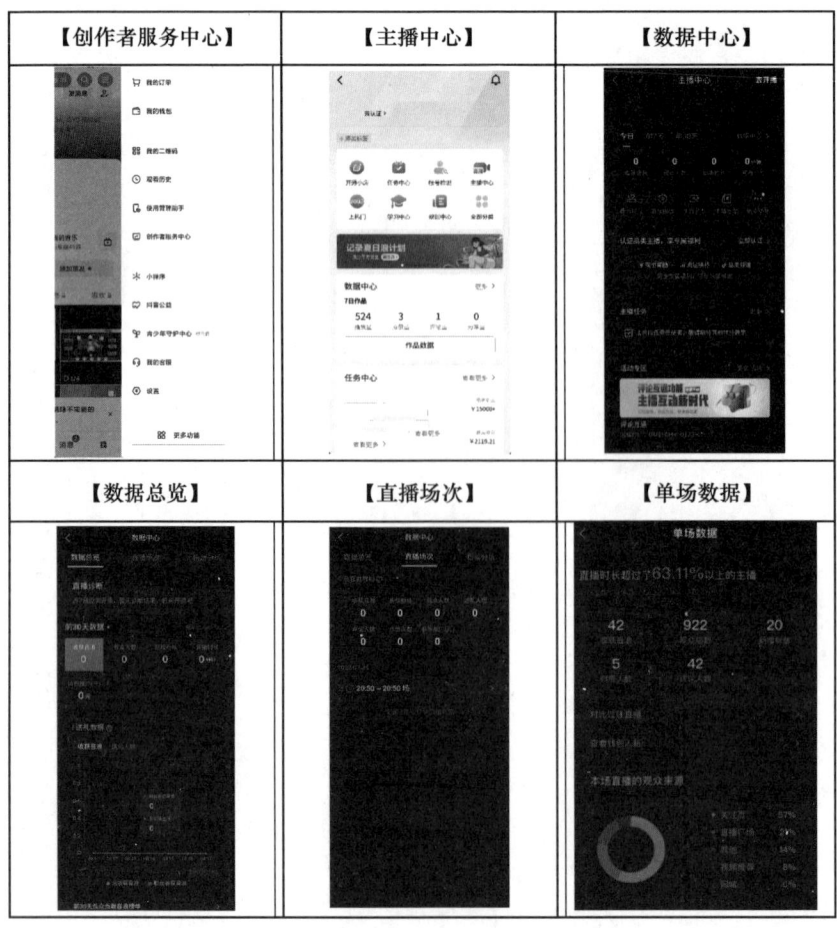

图 9-1-1　抖音 APP 直播数据查询路径

可看到的数据有：

①音浪，观众打赏给主播的虚拟货币，主播可根据比例提现；

②新增粉丝，进入直播间后新增加的关注人数；

③观众人数，进入直播间的总人数（包含新增粉丝）；

④送礼人数，给主播打赏的总人数；

⑤评论人数，直播中发表评论的总人数；

⑥点赞人数，直播中点赞的总人数；

⑦装扮推广，直播间观众购买装扮后，主播获得相应的装扮推广奖励；本场直播的观众来源及公域流量（见图9-1-2）；

⑧关注页，粉丝进入直播间的人数占比；

⑨直播广场，通过直播广场进入直播间的人数占比；

⑩即通过其他方式进入直播间的人数占比；

⑪视频推荐，通过视频推荐进入直播间的人数占比；

⑫同城，通过同城进入直播间的人数占比。

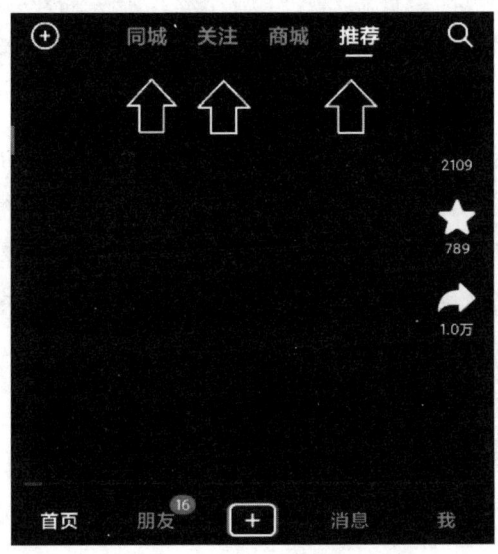

图9-1-2　公域流量来源

关于粉丝的数据分析（见图9-1-3）。

路径：【我的】—【创作者服务中心】—【主播中心】—【数据中心】—【粉丝分析】

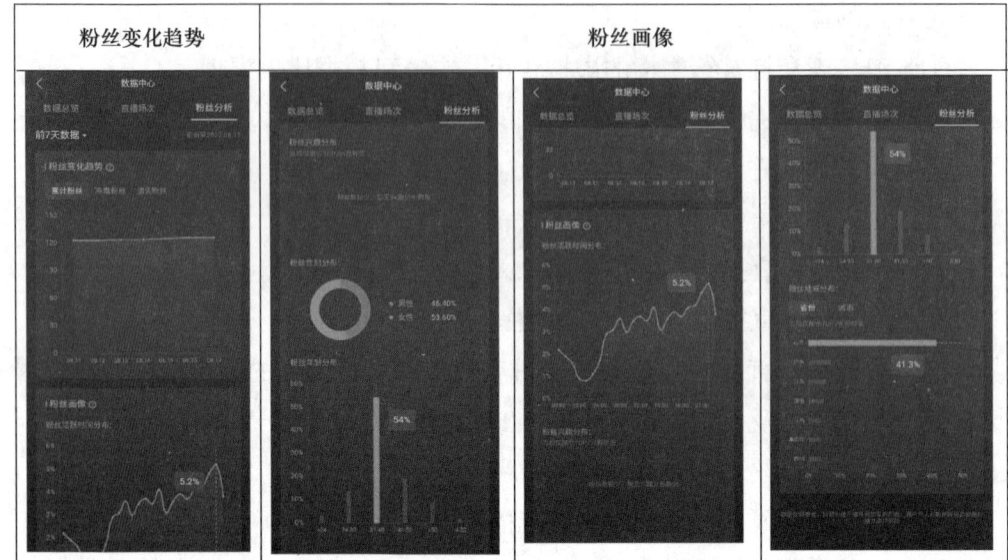

图 9-1-3 粉丝数据

可看到的数据有：

粉丝变化趋势，包括累计粉丝、净增粉丝、流失粉丝；

粉丝画像：粉丝活跃时间分布、粉丝兴趣分布、粉丝年龄分布、粉丝地域分布。

可通过粉丝画像优化开播的时间来选择最佳的直播时间。

关于公域的流量来源（同城、推荐）代表的是直播获得的推荐流量，即平台算法认为你的直播内容优秀才会推荐，当直播流量的推荐来源占比较高（超过 50%）的同时，粉丝转化率却比较低，说明系统对你的标签识别还不够精准，所以流量不精准，需要继续优化自己的直播内容。

2.PC 端数据

登录网址：https://douyinec.com/

1)【浏览互动】的数据查询路径：左侧菜单—数据中心—电商数据—浏览互动（见图 9-1-4）

图 9-1-4　电脑端数据查询入口

基础数据解释：

①商品展示次数，即商品展示给用户的次数，例如直播间内的商品弹窗，以及用户点进购物袋浏览商品。

②商品点击次数，即展示出的商品被点击进入，查看商品详情的次数。

2)【引导转化】的数据查询路径：左侧菜单—数据中心—电商数据—引导转化（见图 9-1-5）

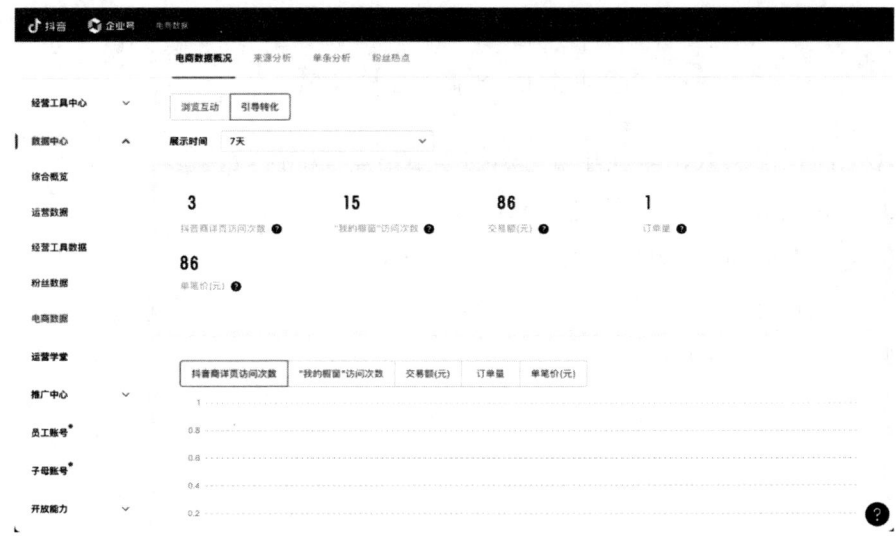

图 9-1-5　引导转化查询

①抖音商详页访问次数，抖音小店详情页的访问次数；

②"我的橱窗"访问数，直播过程中，弹出的商品橱窗，点击进去查看的总次数；

③交易额，总的销售额；

④订单量，总的订单数量；

⑤单笔价，平均每笔订单的成交销售额。

3)【电商直播数据】的查询路径：左侧菜单—数据中心—来源分析—电商直播数据（见图 9-1-6）

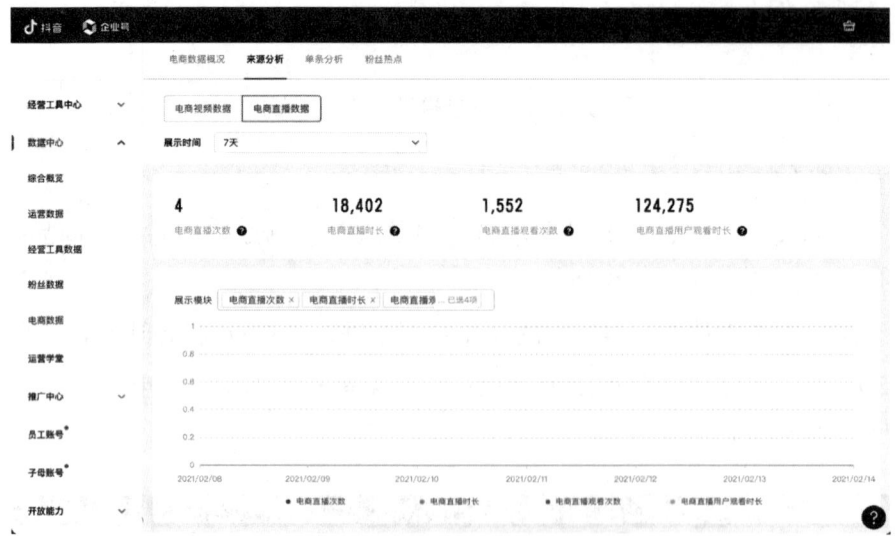

图 9-1-6　电商直播数据查询

①电商直播次数，即打开带有购物车组建直播的次数；

②电商直播时长，18402 秒 =5.11 小时；

③电商直播观看次数，直播被观看了 1552 次；

④电商直播用户观看总时长 124275 秒，以及表示用户平均观看时长为 80 秒（总时长/观看次数）。

任务二　直播数据分析

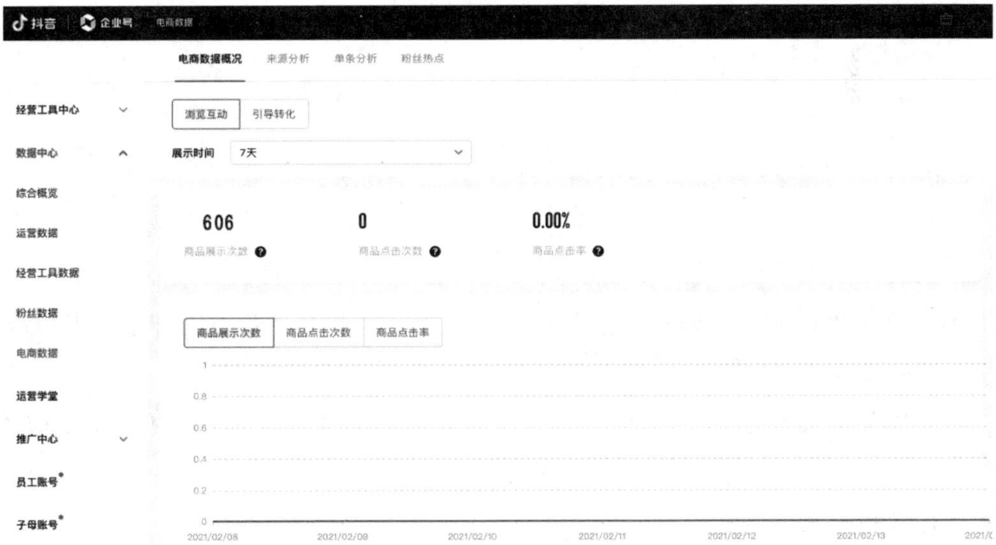

图 9-2-1　数据示例

在上图的例子中（图 9-2-1），商品展示 606 次，但是点击数量为 0，说明在直播的过程中用户没有进行点击，由此可以分析出要么直播间的吸引力不够，要么是货品的吸引力不够，还有可能是直播间进来的观众与产品不匹配。

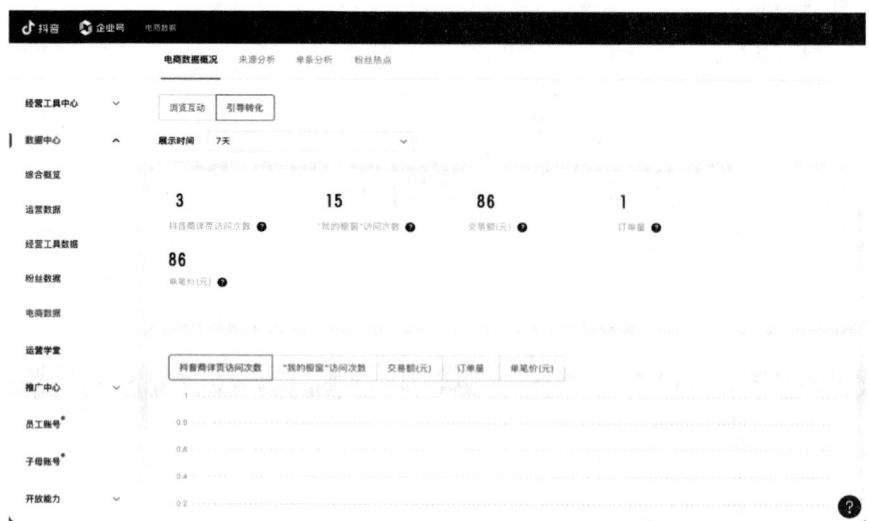

图 9-2-2　引导转化示例

在上图的例子里（图 9-2-2），用户一共看了 15 次，有 3 个人点击，1 个人下单，转化率是 33%，属于比较高的转化率了，说明产品对点击进来的用户吸引力比较大。

直播需要关注的数据：直播时长、观看停留时长、直播间转化率、GMV 与人均 GMV。

1. 直播时长

在直播的初期，进入直播间的人会比较少，人气比较低，建议提高直播的时长和频次。

每次直播的时长最好不低于 2 小时，时间太短算法收集的数据量太少，会导致算法无法识别直播间的数据标签，推送的流量会比较杂。

如果每天直播的时间达到 6 小时，算法一次收集的数据就相当于原来要花 3 天的时间，假定算法需要收集直播时间 X 小时才能推送精准的流量，那么需要天数就是 X/每天直播的时长，这个时长越长，需要精准判断的天数就越短。

2. 观看停留时长

从内容吸引用户，包括展示产品各种好玩的用法、营销活动、整体气氛等让用户增加停留时间，很多用户刷直播间并不是真的有购物需求，而是喜欢热闹和人多的地方，就像是逛夜市，晚上会有很多人出来，大部分都没有明确的购物意向，就是想要闲逛，去看热闹，很多人就是闲逛的过程中不知不觉地买了东西。

3. 直播间转化率

可以通过直播间带节奏与产品优惠来提升直播间的转化率，例如设置福利款、秒杀款、限量款等促进粉丝下单，如果直播间的人气很高，但转化率很差，说明要么是产品没有吸引力，要么是产品的价格不合适，还有一种情况是主播没有做好引导，节奏没把控好或者太拖拉，导致观众不愿意花时间继续等待。

如果原来的方法效果不好，一定要从脚本和流程上及时改进。

想要提升直播间的商品点击量，还可以通过产品种类（SKU）和主播引导两方面进行优化，而点击进入商品详情后没有下单的用户，则需要在详情页上面予以改进，尽量缩短下单需要用户决策的过程。

4.GMV 与人均 GMV

GMV 是指在直播的时间段内带货成交总金额，包含已付款和未付款的部分。

如果直播间想要获得更多精准的流量，就需要提升 GMV，直播间既有人气又有 GMV，那么这就是一个较为优秀的直播间，算法会给予流量倾斜。

用户停留时长、互动率、商品点击与转化、用户的点击数代表了主播的引导能力与货品的吸引力，需要通过各维度来提升。

另有升级版数据查询方式，抖音电商罗盘（https://compass.jinritemai.com/）（见图 9-2-3）。

图 9-2-3　抖音罗盘后台

淘宝直播的数据可通过淘宝主播 APP，主页的【看数据】查询，电脑端可通过网址（https://taolive.taobao.com/）进入【直播中控台】查询。

任务三　直播复盘

直播复盘是指在直播活动结束后对已经完成的直播在数据基础上进行重新推演并总结的行为。

复盘不仅仅是直播流程上的一个环节，还是一种思考和改进的工具，通过对直播的回顾和梳理，可以找出直播过程中的问题和漏洞，并以此改进，沉淀经验，扬长避短，为下一场直播做好准备。

复盘对主播来说，更是一种有效的自我提升，通过复盘可以发现自身的缺点，发掘自身的优点，而且还会让自己产生更多的想法，根据自身的情况不断迭代。

一般来说，直播后的复盘流程包含四部分：对比目标、复盘过程、分析推演、汇总文档。

1. 对比目标

对比目标就是通过已经完成的数据对比开播之前设定的目标，可以通过简易的表格形式陈列出来，例如：

预定项目	预定目标	实际完成	完成率
观看总人数	5000	6200	80.6%
新增粉丝	200	150	133%
销售总额	4000 元	3200 元	80%
观众平均停留时间	30 分钟	22.5 分钟	75%
……	……	……	……

2. 复盘过程

1）直播场景及布置复盘

可以通过主播及其他工作人员的感受进行复盘，例如哪个环节拿道具的步骤可以再简短,主播受环境、灯光影响如何,哪里可以改进优化等等。

2)直播预热复盘

预热环节哪个地方可以优化,哪个渠道反馈的数据效果最好等等。

3)直播过程复盘

对照直播的脚本,看看实际花费的时间,有没有偏离主题,哪种产品亮点的展现需要改进,哪些互动需要加强等等。

直播脚本示例表					
直播主题			直播目标		
直播时间	直播内容	产品图片	产品卖点	人员及职责	道具安排
备注					

3. 分析推演

复盘完毕后开始分析哪个环节的在线人数最多,这期间直播间发生了什么,下次是不是可以再次出现同样的效果,借鉴竞品主播及其他优秀主播的方法是否可行等等。

4. 汇总文档

将以上参会的人员与谈到的缺点、漏洞、优点、新想法都一一记录下来,为下次直播做准备,也方便以后查阅。

名词释义

1. 电商，是电子商务的简称，电子商务是指以信息网络技术为手段，以商品交换为中心的商务活动。

2. 直播电商，是指以直播的形式搭建新的购物消费场景。

3. 直播人设，是指主播想要呈现给粉丝面前的形象。

4. 才艺展示，是指自身所精通或者达到一定高度的技巧和能力，在有限的时间内进行充分的展示。

5. 剧情短视频，是指将一个故事或者生活片段以开始 - 高潮 - 结束的方式在较短的时间内用视频呈现出来的方式。

6. 运镜，就是运动镜头，是指在镜头中通过移动摄像机机位或者改变镜头光轴、变化镜头焦距的方式进行拍摄，也被称为运动画面。

①推，即镜头推进，操作方法是把手机或摄像头慢慢地向拍摄主体推进，或者使用变焦的方式让拍摄主体变大。

②拉，即镜头拉远，操作方法与推镜相反，把手机或摄像头慢慢地从拍摄主体向后拉远，或者使用变焦的方式让拍摄主体变小。拉镜根据剧情要求可采用慢拉、快拉、猛拉三种。

③升，即镜头提升，操作方法是把手机或摄像头从下往上拍摄。

④降，即镜头下降，操作方法是把手机或摄像头从上往下拍摄。

⑤摇，即镜头摇动，操作方法是手持手机或摄像头的人或者三脚架原地不动，镜头进行从左到右、从上到下的拍摄，就好像观众站在原地打量周围的环境。

⑥移，即镜头移动，操作方法是镜头上下左右及拍摄角度不动，人或者三脚架整体地从侧面跟随拍摄的主体前移。

⑦跟，即镜头跟随，操作方法是镜头跟随围绕主体拍摄，可以使用多种拍

摄方法。

⑧环，即环绕镜头，操作方法是主体作为圆点中心，围绕主体进行半环绕或者全环绕拍摄。

7. 景别，是指摄像头的焦距固定，摄像头根据远近拍摄主体，其远近的距离的区别就叫景别。

8. 远景，指拍摄主体所处大环境的画面。

9. 全景，指包含人物全部及部分周边环境的画面。

10. 中景，指人体膝部以上或者场景局部的画面。

11. 近景，指人体胸部以上的画面。

12. 特写，指人体肩部以上的画面。

13. 构图，指作品中艺术形象的结构配置方法。

14. 中心构图法，指将模特或产品放置在画面的中心进行拍摄。

15. 垂直线构图，指将多个模特或产品以垂直线条的方式均匀排列后进行拍摄。

16. 三分构图，也称井字构图法，需要将场景用两条竖线和两条横线分割，这样可以得到 4 个交叉点，将画面重点放置在 4 个交叉点中的一个即可拍摄。

17. 框架构图法，即把产品放在框架中，会引导观众的注意力在框架内，产生跨过门框即进入画面的感受。

18. 剪辑，即把视频制作中所拍摄的大量素材，经过选择、取舍、分解与组接，最终完成一个连贯流畅、含义明确、主题鲜明并有艺术感染力的作品。

19. 直播场景，是指在主播为在一定的时间里完成特定的任务所需要的空间布置。

20. 供货风险，指由于其供货不确定引起下游企业无法正常运作或日常运作受到影响，从而使整个供应链有受损的可能性。

21. 运输风险，指因路程遥远，运输工具多样化，装卸仓储频繁等造成货品意外损坏的可能性。

22. SKU，全称为 Stock Keeping Unit（库存量单位），即库存进出计量的基本单元，可以是以件、盒、托盘等为单位。

23. 组品，即商品的组合售卖。

24. 排品，即在直播间销售产品的出场排列顺序。

25. 直播脚本，是指用文字加流程的方式展现直播需要遵循的规划方案。

26. 直播目标，是指对整场直播活动结果预期的主观设想。

27. 人员职责，是指必须承担的工作范围、工作任务和工作责任。

28. 直播内容，是指直播根据主题所呈现的实质性的内容。

29. 直播话术，是指主播在直播间说话的艺术，并且能够通过用户反馈及时调整，拉进与用户之间关系的方法。

30. 欢迎话术，是指当观众进入直播间后，主播对其表现出友好和关注的说辞。

31. 主播自我介绍的话术，是指向直播间里面的观众介绍自己，并展示自己能够提供的价值（包含实际价值及精神价值）。

32. 话题，是指谈话的中心，是一个事件所关联各种事件的概括。

33. 产品介绍话术，是指把产品的特点、功效、材质进行口语化的表达，并通过创造需求场景让用户产生共鸣的表达方式。

34. 粉丝互动话术，是指在直播过程中，主播通过动作及语言让观众与其交换信息而产生相互依赖行为的方法。

35. 直播预热，是指在正式开播之前进行宣传的行为，目的是为了增加直播时的人气。

36. 电容麦克风主要通过声波引起金属薄膜振动产生不同电容来产生声音信号。

37. 动圈麦克风主要是通过与振膜紧密相连的导线线圈根据声压变化在磁场中不断运动产生声音信号，无须电源供电。

38. 声卡，是将麦克风和电脑或手机连接起来的设备。

39. 直播营销，是指通过主播在直播间的表演（话术、动作）引发观众的需求共鸣，让观众了解产品进而购买产品的过程。

40. 爆款，是指在短时间里销售量很高的产品（产品可以是实物，可以是虚拟物品，还可以是服务）。

41. 憋单，是指通过运营手段，把在线人数拉高，主播鼓励粉丝不断地进行扣屏互动，到临界点那一刻迅速上架产品，形成大量订单的过程。

42. 投放推广，通常是指线上的付费推广。

43. 内容推广，是指利用多种传递信息手段，把推广的对象美化和优化，并且持续地通过各种渠道传递给用户的过程。

44. 美化，是指对目标加以装饰或点缀，使其显得美观或美好。

45. 优化，是指对目标采取一定措施使其变得优异。

46. 内容营销，是指以改变顾客的购买行为和销售培养为目的，是由企业向目标顾客传递相关有价值的信息的营销活动。

47. GMV，是指在直播的时间段内带货成交总金额，包含已付款和未付款的部分。

48. 直播复盘，是指在直播活动结束后，对已经完成的直播在数据基础上进行重新推演并总结的行为。